AF590762

LE PARTI LE PLUS SÛR, OU LA VERITÉ RECONNUË EN DEUX PROPOSITIONS.

I. Le Droit que nous avons à la connoissance des Véritez tant Divines qu'humaines, est sujet à de certaines modifications, qui réglent l'usage que nous devons faire de nos pensées.

II. L'obligation où nous sommes d'avoir de la Religion, consiste à régler nos pensées de la maniére la plus sûre, pour en connoître les Véritez.

Au sujet du Discours de la Liberté de Penser.

Par le Chevalier à qui l'Auteur de ce Discours l'avoit adressé.

A BRUXELLES,
Chez les Fréres SERSTEVENS.

M. DCC. XV.

EPITRE DEDICATOIRE, DE L'INCONNU A L'INCONNU.

L n'y a point d'Auteur, qui n'ait quelqu'eſpérance de ſe faire un Mécenas de la Perſonne à qui il dédie ſon Ouvrage; mais quelle faveur peut, par cette voye-là, eſpérer celui qui n'a autre choſe à offrir qu'un deſſein auſſi vain, que de montrer aux Hommes le Parti le plus ſûr pour trouver la Vérité dont perſonne ne doute. Quoi qu'il n'y ait rien de plus opoſé que les différens visages qu'on lui donne, chacun prétend la connoître. Tout le monde croit avoir embrassé son Parti, & la présenter sous une autre forme qu'un chacun a coûtume de l'envisager, c'est s'exposer à faire un Ennemi plûtôt qu'un Protecteur.

Cependant, si dans la diversité des Opinions qui la défigurent l'Auteur de ce petit Livre étoit assez heureux d'avoir au moins marqué le Parti le plus sûr pour ne pas tomber dans l'erreur, il espére qu'entre ceux qui le liront, il se trouvera quelque sincére & puissant Ami de la Vérité qui lui en saura bon gré.

C'est sous les auspices d'un Homme de ce rare mérite, qu'il a intention de le mettre au jour.

Vous donc, très illustre & très excellent Inconnu, daignez prendre pour vous cette Dédicace qu'il vous adresse. L'espérance qu'il a conçûë de l'heureux succès de son Ouvrage ne vient point de son savoir

voir qui eſt très médiocre. C'eſt pourquoi, quand il parle de la Vérité, il ne préſume pas ajoûter, ni toucher à ce qu'un grand nombre de Perſonnes infiniment plus habiles que lui, ont écrit tant pour la défendre que pour la combattre. Tout ce qu'on peut dire, pour ou contre, a été déja dit; & le même amour qu'on doit ſupoſer dans tous les Hommes pour le vrai, les a ſi fortement animez à ſe fortifier, chacun dans leur ſentiment, de tout ce que la raiſon humaine eſt capable, qu'il eſt comme impoſſible d'inventer rien de nouveau ou de plus perſuaſif

Ce qu'il vous offre ici digne de votre attention auſſi-bien que de vôtre apui, ce ſont quelques marques éclatantes de la Vérité, que vous trouverez dans les opinions des uns, qui ne ſe rencontrent point dans celle des autres. Ayez la patience de pourſuivre votre lecture jusques à la fin, à travers de l'obscurité affreuse de toutes les erreurs qui ont inondé le Genre humain. Vous y remarquerez le déréglement d'un fort Esprit, qui, sous prétexte de connoître la Vérité, attribuë aux Hommes un Droit si illimité dans leurs pensées, qu'on ne peut, selon lui, leur imposer aucunes bornes, ni prescrire aucune régle sur quelque sujet que ce puisse être. L'hipotése sur laquelle il apuye son opinion sufit pour en découvrir la fausseté. Il supose qu'en matiére de Sciences & d'Arts, il n'y a point de connoissance qui ne soit légitime, ou qui puisse être préjudiciable à la Société publique, & qu'à l'égard de la Religion elle ne renferme rien qui surpasse l'esprit humain; d'où il conclut que les Hommes ont une liberté entiére d'y éxercer leurs pensées sans être sujet à aucune régle, ni à aucune restriction. Ce

seroit

ſeroit retrancher de leurs droits que de leur interdire les Arts les plus illicites, les connoiſſances les plus criminelles, & que de leur défendre les ſentimens les plus irreligieux. Il faudroit être aveugle pour ne pas voir, que ce principe là ne peut conduire à la Vérité, qui entraîne avec ſoi, ſoit qu'on l'ait prévû ou non, des conſéquences ſi contraires aux Loix naturelles & Divines, ſur leſquelles elle eſt fondée.

En effet, le Droit naturel qui met des bornes aux actions des Hommes, n'en a-t-il pas impoſé auſſi aux connoiſſances qui influent ſur ces actions? Enſorte qu'il n'eſt pas plus permis de connoître que de faire au de là de ce qu'il preſcrit; particuliérement lors que ces connoiſſances dépendent ou ſont inſéparables de certains Actes que la Loi naturelle défend. S'attribuer un droit de Penſer, avec une entiére Liberté dans les Sciences & les Arts qui tendent à violer cette Loi, c'eſt paſſer les bornes de la raiſon, & commettre un péché que les Hommes ne laiſſent pas impuni.

A plus forte raiſon le Droit Divin, qui n'eſt diſtingué de celui-ci, que parce qu'il renferme des ſujets qui ſurpaſſent la raiſon naturelle, lui preſcrit-il des régles qui doivent lui ſervir de bornes; & ſi cette raiſon a ſes Loix preſcrites pour régler les penſées dans les connoiſſances naturelles, qu'elle ne peut enfraindre ſans crime, comment ſupoſer que l'Homme n'ait pas beſoin de régle en matiére de Religion pour rectifier ſa Doctrine, & qu'il lui ſufiſe de faire ſes éforts pour y Penſer. Se donner cette Liberté n'eſt-ce pas s'expoſer à toutes ſortes d'erreurs?

Là-deſſus, je vous prie de conſidérer les égaremens de cet Eſprit fort,

fort, & s'ils ne ſont pas capables de faire revenir tous les Hommes à la Vérité par un ſentiment qui s'en écarte ſi loin. Il ſoûtient pourtant, que chacun eſt dans l'obligation de régler ſa Créance ſans s'aſſujettir à celle des Prêtres, & même de ces Prêtres qui ont plus ou moins ſuivi ſon Principe. D'où vient qu'il ne ſauroit condamner les derniers, qu'il ne ſe condamne lui-même. Les abus & les erreurs dont il les taxe, & qui n'ont point d'autre origine que ſa Liberté de Penſer, mettent la Vérité dans toute ſon évidence, ou au moins fait manifeſtement connoître le Parti le plus ſûr. C'eſt de quoi, très équitable Lecteur qui ne cherchez la Vérité que pour la connoître & l'apuyer, vous ſerez éclairci, dans ce petit Livre qui vous eſt préſenté. Que ſi vous le jugez digne de votre faveur, prenez ſon Parti, défendez-le, ſoyez ſon Protecteur.

tecteur. Le ſuccès qu'il aura par votre moyen cauſera à ſon Auteur une joye qu'il recevra de votre part, comme un Préſent plus agréable que ne pourroit faire le plus généreux Mécenas. Tout inconnu que lui ſera ſon Bienfaiteur, il reſſentira pour lui une reconnoiſſance intérieure, avec un deſir ſecret d'être

Son très humble & très obeïſſant ſerviteur,

A. P. A. V.

TA-

TABLE

De tout ce qui compose cet Ouvrage.

a

LETTRE DU CHEVALIER, A L'AUTEUR DE LA LIBERTE' DE PENSER.

Quelle impression son discours doit naturellement faire sur un esprit pour la connoissance de la Vérité.

SElon l'usage qui permet aujourd'hui d'écrire à un Ami, pour écrire à tout le monde, il n'y a personne qui ne puisse prendre la qualité de cette sorte d'Ami. Sur ce pié, j'ai

 crû

crû que c'étoit à moi à qui vous aviez adressé votre Discours sur la *Liberté de Penser :* & que vous ne m'avez donné le nom de Chevalier, que parce que vous ne saviez pas le mien. J'ai eu d'autant plus lieu de me l'imaginer, que l'évidence de votre Discours n'auroit pas plus fait d'impression sur mon esprit, quand vous l'auriez fait exprès pour moi.

A juger selon les aparences, on croiroit que vous avez eu dessein de créer un nouvel Ordre d'Esprits forts, & que dans l'espérance d'y engager votre Ami, vous le flatez déja du Tître de Chevalier. Mais c'est mal prendre votre pensée : vous n'avez pû parler de la *Liberté de penser*, comme vous avez fait, que votre dessein n'ait été d'en faire voir tous les inconvéniens. Il n'y eut autre fois aucun Ordre de Chevaliers, qui détruisît plus d'ennemis de la foi par la voye des armes, qu'il est aisé de le faire par l'expédient de votre Liberté. Il est impossible que toutes les fausses Religions résistent contre l'idée que vous en avez donné ; & selon vos principes il ne doit y en avoir qu'une seule de véritable, dont il soit le plus sûr d'embrasser

brasser le Parti. Si c'est être votre Ami que de profiter ainsi de vos raisonnemens ; j'ai raison de m'atribuer cet honneur, sans toutes fois me croire obligé de me conformer à l'usage que vous avez suivi. Car dans la crainte où je suis, que vous ne voulussiez pas publier les Eloges que j'ai à faire de vous, je m'adresse directement au Public ; afin que cet Ouvrage ne manque pas de vous être rendu en main propre.

Vous pourrez alors reconnoître, que l'éfet de votre *Liberté* a été plus favorable, que vous ne l'atendiez. Vous verrez que j'ai surpassé vos espérances ; & que vous avez traité votre sujet avec tant de clarté, qu'*auparavant j'étois aveugle, & que maintenant je vois.* Ce n'est point un miracle que vous m'ayez ainsi ouvert les yeux ; il est très naturel que le même bonheur arrive à tous ceux que voudront les ouvrir. Ne savez-vous pas que rien ne nous rend le Vice plus odieux, qu'une Déscription patétique de tous les maux qu'il produit : que nous nous sentons portez à aimer la Vertu, par la seule vûë d'un homme dont la vie eſt déréglée : & que la réfléxion, qu'il fait lui-même ſur ſes deſordres, ſufit quelque fois pour le ramener à ſon devoir. Pourquoi le déréglement des opinions ne cauſeroit-il pas le même changement, que le déréglement des mœurs peut faire ? En éfet, vous avez ſi-bien décrit toutes les Erreurs des diférentes Religions, qui ſont ſur la terre, que j'ai découvert quelle en pouvoit être l'origine. De la maniére que vous avez expoſé le procédé des Sectateurs du menſonge, j'en ai mieux reconnu le caractére de ceux qui ſuivent la Vérité. Je me ſuis aperçû du véritable remède des maux que vous prétendiez guérir. Et celui que vous avez voulu apliquer, a eu un tel éfet ſur moi qu'il m'a fait connoître l'unique qui pouvoit rendre ſaines toutes les penſées des hommes ſur le fait de la Religion. En un mot, les mêmes raiſons que vous avez aportées en faveur de votre *Liberté*, ne m'ont fait voir que de l'incertitude dans toutes les Opinions du monde. Mais d'une erreur à une autre, elles m'ont conduit juſqu'au point eſſentiel

sentiel pour rendre une opinion véritable. Et prendre le certain pour l'incertain, m'a paru le Parti le plus sûr.

Que si on avoit bien pensé à cette heureuse suite de vos raisonnemens, on se seroit bien gardé de vous donner des louanges aussi fades & aussi grossiéres, qu'on a fait dans l'Avertissement qui précéde la Traduction Françoise de votre Discours sur la Liberté de penser. Les merveilleux éfets, que peut produire votre Ouvrage, sufisent pour en faire connoître le Prix. Je ne lûs jamais rien de plus propre pour réünir tous les hommes dans une même Foi. Vous seul pouvez faire plus de nouveaux convertis que tous les Controversistes ensemble. Votre *Liberté de Penser* démontre si-bien le déréglement de l'Esprit humain, & la cause de tous les doutes qui naissent sur les matiéres de Religion, qu'il n'y a personne qui hésite un moment à renoncer à des Opinions pleines d'incertitude pour embrasser celles qui, selon vos mêmes Principes, ne sont éxposées à aucune. Ce Parti paroîtra le plus sûr à quiconque jugera bien de votre Liberté.

SECTION PREMIERE.

Le Droit que nous avons à la connoiſſance des Véritez tant Divines qu'humaines, eſt ſujet à des certaines modifications qui réglent l'uſage que nous devons faire de nos penſées.

ARTICLE PREMIER.

Jugement Préliminaire, ſur le Diſcours de la Liberté de Penſer ſans aucune modification.

LA Liberté de penſer eſt un ſujet, qui promet à ceux qui ſont amateurs de la nouveauté, de quoi ſe ſatisfaire agréablement. Elle leur ouvre un champ ſpacieux, où leur Eſprit a toute l'étenduë imaginable pour ſe donner carriére. S'ils ne ſont pas contens de la Liberté de Conſcience, parce qu'il y a de certaines bornes qu'elle ſe fait ſcrupule de paſſer: La *Liberté de Penſer*, qui n'en reconnoît aucune eſt très capable de donner à leur imagination de quoi s'étendre. Mais ceux qui aiment la Vérité n'en n'en auront pas cette pensée. Ils trouveront que la matiére, qui est traitée dans le Discours de la Liberté, n'est pas ce qui le rend curieux, que c'est la maniére dont on la traite. On s'y fait fort du nom de Véritez qui portent avec soi leur évidence. Et quoi que ces Véritez soient d'une nature qu'elles se détruisent d'elles-mêmes, elles sont cependant soûtenuës par des raisons si plausibles; embellies par des similitudes si naturelles, & apuyées d'autoritez qui paroissent avoir tant de raport au sujet, qu'on peut dire que jamais méchante cause ne fût mieux défenduë. Si la matiére étoit indiférente, on pourroit en louër l'Auteur; mais l'Eloge qu'il mérite est qu'il peut aller du pair avec celui de *la Lettre du Médecin Arabe*, qu'on auroit sujet de croire être de son invention. Quoi qu'il en soit, si *le grand Seigneur* avoit dessein de faire une nouvelle Apologie de son Alcoran, & qu'il donnât en partage à notre Auteur le Chapitre de l'*Araignée*, pour prouver qu'il ne contient que des Véritez très évidentes, il est capable d'y réüssir autant qu'homme me du monde. Ce n'eſt pas qu'après toutes les peines qu'il auroit priſes pour conſtruire un Ouvrage auſſi digne de lui, ce ne pourroit être qu'un travail d'Araignée, facile à être détruit d'un coup de Balai.

Il en eſt à peu près de même de la *Liberté de Penſer*. Quelque délicat qu'en ſoit le travail, le tiſſu n'en eſt pas plus fort, puiſque le fil des raiſonnemens de la premiére & de la ſeconde Section ne tient qu'à un *Si*, qu'il ne prouve point, ou à quelques termes équivoques qu'il laiſſe dans l'obſcurité, & qui ne ſont propres qu'à ſurprendre des *Mouches*.

Mais j'eſpére, que ſi je ſai bien diſtinguer le Droit que nous avons & que nous n'avons pas à la connoiſſance des Véritez, tant Divines qu'humaines, j'empêcherai bien des gens de s'y tromper; en leur faiſant connoître qu'il y en a au de là des bornes de l'eſprit de l'homme; auſſi-bien que d'autres qui paſſent les bornes de ſon devoir, quoi qu'elles ſoient à la portée de ſa capacité; qu'il n'a pas le pouvoir de connoître les unes, & qu'il doit plûtôt évi-

éviter la connoissance des autres, que de les aprofondir par des recherches illicites : Ce qui modifie le droit que nous avons de penser, & retranche ce qu'il y a de trop dans la Liberté illimitée qu'on prétend atribuer à tout le genre humain.

ARTICLE II.

Explication du terme de Penser.

Où l'on distingue le droit que nous avons de penser sans exception, & que nous n'avons pas sans quelques modifications qui réglent l'usage de nos pensées.

PEut-être que l'Auteur prévenu, comme il est en faveur de *sa Liberté de Penser* s'imagine que c'est une vérité qui saute aux yeux, & qu'il n'y a qu'à les jetter sur la nouveauté de son Tître, pour en être convaincu. Mais le terme de *Penser* est si vague, sa signification est si diverse, & ses sujets si diférens, qu'il ne peut servir à exprimer une vérité évidente par elle-même, avant qu'on sache le sens de celui qui s'en s'en ſert ; auſſi-bien que l'uſage qu'il en prétend faire.

Pour faire un juſte uſage de ſa penſée, il eſt à propos de ſavoir qu'il y a diférentes maniéres de Penſer. La penſée n'eſt quelques fois qu'une aplication de l'Eſprit ; d'autres fois elle commence d'être un raiſonnement qu'il forme ; tantôt c'eſt un éxamen où il s'engage ; & après elle ſe tourne en un jugement qu'il fait ; enfin, elle ſe change en opinion ou en créance, où il peut s'arrêter par mépriſe ou avec opiniâtreté. Les ſujets auſſi ſur leſquels ces diverſes penſées ſe portent peuvent diférer entr'eux. Ils ſont indiférens ou préjudiciables ; Profanes ou Sacrez ; autoriſez ou défendus ; les uns peuvent être compris par la ſeule raiſon ; & les autres ont beſoin d'une autre intelligence qui aide à comprendre les Véritez qu'ils contiennent.

Il eſt queſtion à préſent, de quelle maniére on entend la *Liberté de Penſer*. Car on ne nie pas qu'il n'y ait de certains ſujets, ſur leſquels il eſt libre d'éxercer ſes penſées de toutes les maniéres ; quoi qu'il y en ait d'autres ſur

quoi

quoi il eſt dangereux de le faire ſans quelques modifications. On déclare même, que dans quelques-uns la Liberté de Penſer n'eſt limitée, que ſur la maniére de tenir une opinion pour avoir la plus ſûre. C'eſt ce qui n'eſt pas encore décidé par l'Auteur dans ſon Avant-propos. Mais de la façon qu'il y établit ſon principe d'évidence, & parce qu'il traite de Fanatiques ceux qui ne le ſuivent pas, ou qui y mettent quelque limitation, il eſt aiſé de voir que ſa *Liberté de Penſer* eſt de toutes les maniéres & ſur toutes ſortes de ſujets ; C'eſt à dire qu'il eſt libre d'apliquer ſon Eſprit à toutes ſortes de connoiſſances bonnes & mauvaiſes; de raiſonner auſſi librement des Sujets ſacrez que des matiéres profanes ; qu'il eſt permis de juger de l'Évangile comme des autres Livres ; de croire en matiére de Religion avec autant de licence que ſur des points de Sciences; & cela avec les ſeuls éforts de la Penſée, comme avec toute l'opiniâtreté dont un Eſprit fort eſt capable.

Voila les Véritez, dont il traite dans ſon

ſon Ouvrage, qu'il croit auſſi claires que le Soleil en plein midi; auxquelles un Eſprit raiſonnable doit néceſſairement aquieſcer. Il faut l'avouër, ce Principe eſt d'un *Eſprit fort* & tout à fait clair, pour rejetter toute autorité tant Divine qu'humaine; pour ôter aux Loix la force de commander & de défendre; & afin de paſſer pour Fanatiſme ce que les Livres Sacrez diſent de la puiſſance de l'Eſprit de Dieu; de cet Eſprit divin qui découvre la vérité des Miſtéres cachez en lui, d'une certaine intelligence que le même Eſprit donne pour les faire entendre; avec une infinité d'autres témoignages qui nous aprennent que la Science de la Religion eſt opoſée à la ſageſſe des Eſprits forts; qu'elle s'aquiert d'une autre maniére que les autres connoiſſances, & qu'elle eſt apuyée ſur une autre évidence. C'eſt donc avec raiſon que la Liberté de Penſer eſt une vérité très évidente, ſi toute ſon *Evidence* ſe termine à renverſer ces Véritez de Religion. Rien n'eſt plus clair que c'eſt la fin de tous les raiſonnemens de cette *Liberté*. El-

le

le comprend tout ce qu'on peut dire de plus fort dans cette vûë, & pour trouver le parti le plus sûr au milieu de tant d'incertitudes que l'Auteur fait naître par toutes ses raisons, il n'y a qu'à lire celles qu'il a employée pour prouver la *Liberté de Penser* dans son discours, dont tous les raisonnemens nous disposent à nous persuader qu'il y a une évidence plus sûre de la Vérité, que celle qu'on peut trouver dans le libre usage de sa pensée.

ARTICLE III.

La définition de la Liberté de Penser sur toutes sortes de Véritez sans exception détruite par elle-même.

Bien loin que *la Liberté de Penser* soit une juste conséquence de tous les raisonnemens que l'Auteur employe pour la soûtenir, ils servent plûtôt à la détruire. C'est ce qui sera aisé de connoître, si on prend garde qu'il entend sa Liberté de toutes les maniéres qui ont été expliquées. En éfet, il exclut

clut de cette *Liberté* toute sorte de réserve dans l'ample Définition qu'il en donne en ces termes. *C'est l'usage que nous faisons de notre esprit pour tâcher de découvrir la Vérité de tout ce qui se peut proposer, en considérant l'évidence de ce qui la défend ou la combat, & en réglant son jugement selon que l'évidence paroît plus ou moins forte de part & d'autre*; de sorte que par les choses qu'il propose dans la suite, il donne à connoître,

Qu'il n'y a point de Sciences, ni d'Arts, de connoissances Divines & humaines; ni même la moindre partie de chacune en particulier, sur quoi l'Esprit de l'homme ne puisse éxercer sa pensée sans aucune exception, à quoi il ne lui soit permis de s'apliquer; dont il n'aït la liberté de raisonner & de juger, pour croire ou ne pas croire ce qui lui paroîtra faux ou véritable: sans faire distinction des sujets, ni se servir d'aucunes autres lumiéres que celles de son Esprit. Par-là on voit que l'explication que j'ai donnée du terme de *Penser* n'est qu'un éclaircissement de la Définition de notre Auteur &

& de la penſée qu'il en a lui-même. Penſée bien hardie ! puis que c'eſt rendre tous les hommes opiniâtres dans leurs opinions, & Juges en matiére de Foi comme en matiére de Science ; en un mot, que c'eſt faire dépendre toutes les connoiſſances Divines & humaines d'un même principe. Ce ſera cependant la concluſion de tout ſon Diſcours.

Celui qui ne prendroit pas garde au raiſonnement d'où elle eſt tirée, ſe laiſſeroit perſuader par toutes les preuves dont il ſe ſert, qu'elle eſt très naturelle ; ce qui le feroit infailliblement donner dans le paneau. Mais pour s'en garantir, il n'y a qu'à deſarmer cet Eſprit fort d'un *Si* qui fait toute ſa force, & qui ſert de faux Principe au Raiſonnement d'où il conclut ſa Liberté. On peut dire que ce malheureux *ſi*, qui eſt le premier mot qu'il avance pour établir ſon Opinion, ſert à lui couper la gorge ; & que de ce premier coup dont il s'eſt frapé lui-même, il ne peut plus en revenir pour tirer une conſéquence telle qu'eſt la Définition de ſa Liberté, qui a cela de pro-

propre qu'elle nous decouvrira par les incertitudes qu'elle a causées dans toutes les Sectes, qu'il faut nécessairement qu'il y ait un Parti plus sûr que celui-là. Mais avant de venir jusques à ce point, il est à propos de voir de quelle maniére il détruit lui-même sa liberté.

ARTICLE IV.

La connoissance de toutes sortes de Véritez n'est point un Droit qui apartienne à tous les hommes, puis que cette opinion est fondée sur une fausse hypotèse.

L'Auteur de la Liberté supose d'abord, que tout Homme a droit de connoître toutes sortes de Véritez, sans exception. Ce Droit, ainsi supo- sé, il a raison d'en conclure celui de la *Liberté de Penser*; Mais comment prouvera-t-il que ce Droit ne peut être limité? il le fait en continuant l'hipotèse de cette sorte, si *de toutes les Veritez, il n'y en en a point dont la connoissance ne soit ou commandée de Dieu, ou utile aux hom-*

hommes. En ſorte que toutes ſont permiſes & nulles défenduës ſans la moindre réſerve. Mais cette ſupoſition eſt-elle bien vraye & peut-elle ſervir à la conſéquence que notre Auteur prétend tirer de ſon *ſi*, en faveur de *ſa Liberté ?* C'eſt toutes fois le Cheveu où conſiſte toute la Force de notre faux *Samſon*, & ſelon lui c'eſt une Vérité évidente par elle-même. Il faut croire à ſa parole que c'eſt un principe inconteſtable ; il ne le prouve point, il ne fait que le ſupoſer comme un Oracle infaillible. Mais pour réſoudre ce *ſi*, qui eſt le nœud de la difficulté, je réponds.

Qu'il y a de certaines Véritez dont la connoiſſance & la penſée n'auroient jamais pû, ni ne peuvent entrer dans l'Eſprit d'aucun homme, ſi non ſeulement elles n'avoient été révélées ; mais ſi elles ne l'étoient encore par de nouveaux témoignages que l'Eſprit de Dieu en rend. De ſorte que ce n'eſt qu'autant que l'Eſprit de l'homme eſt ſoûmis & croit à cet Eſprit divin, qu'il devient capable de les comprendre. A moins que ce ne ſoit de là d'où vienne la connoiſſance des Véritez de Religion, je ne ſai ce que c'eſt que Religion Mais je ſai bien, que ſi ce que l'Ecriture nous dit de ces Véritez & des moyens de parvenir à leur connoiſſance, eſt infaillible, il faut croire qu'elles dépendent d'une *Semence* céleſte qui les produit dans nos Eſprits, & que c'eſt à nous à la recevoir; qu'elles nous ſont découvertes par une lumiére ſurnaturelle qui nous éclaire, & qu'il eſt en notre liberté de ſuivre; que ces Véritez nous ſont renduës intelligibles par une voix qui nous les explique & que nous pouvons diſcerner de toute autre; qu'elles ſont imprimées en nous par une parole d'une vertu divine, & que nous avons le droit d'y croire. Si cela eſt vrai, il eſt évident, que la connoiſſance des Véritez de Religion, que Dieu veut que nous ayons & qu'il nous eſt permis de rechercher, n'eſt pas fondée ſur le Droit que nous avons d'y penſer avec liberté; puis que tout le droit que nous y avons vient du St. Eſprit qui donne à notre penſée toute la vivacité, la pénétration, l'ouverture & la force néceſſaire pour comprendre prèndre les moyens qu'il nous a donnez d'arriver à leur connoiſſance. C'eſt-là le Droit accordé aux Enfans de Dieu, fondé ſur une hipotèſe bien ſûre & bien plus infaillible que celle des forts Eſprits. Tout le Droit donc que nous avons de notre côté, le voici; c'eſt de recevoir avec ſoûmiſſion, de ſuivre avec promptitude, d'écouter avec atention, & de croire avec obéïſſance, ce que ce Divin Eſprit inſpire pour connoître la vérité. C'eſt en cela que doivent ſe terminer tous les éforts de notre Eſprit; c'eſt à quoi nous devons apliquer toutes nos penſées; c'eſt pour cela que nous devons faire uſage de tout notre ſavoir; & en ceci conſiſte toute notre liberté de penſer à cet égard. Sans doute le même Eſprit, qui a parlé autre fois; dont on a entendu la voix par la bouche du Fils de Dieu qui étoit venu dans le monde pour ſemer & éclairer; le même Eſprit, dis-je, le fait encore tous les jours. De quelle façon? C'eſt de quoi notre Auteur nous éclaircira mieux par la ſuite de ſes raiſonnemens, qui nous ſerviront à reconnoître la Vérité. Mais quelle conséquence les Forts Esprits peuvent-il tirer jusqu'ici ? sinon, que la *Libert* de raisonner, de juger & de croire leur mode, est un Droit qu'ils usurpent injustement, & que la libert qu'ils fondent sur ce droit n'a rien de certain. Pour répondre à un autre Point de leur Hipotèse, je dis en second lieu,

Qu'il y a des Véritez qui regarden de certains sujets ; ou, pour m'explique selon l'Auteur, *qu'il y a des Sciences & des Arts, ou quelques-unes de leurs parties*, qui nuisent plus aux hommes ou à la plûpart des hommes, qu'elle ne leur servent ; qu'il est plûtôt défendu que permis de s'y apliquer & encore moins de s'y éxercer par des recherches qu'on ne peut faire sans crime. Tout ce qui nuit ou est défendu n'a-t-il pas raport à quelque Art, à quelque Science, ou à quelqu'une de leurs Parties ? il y a donc *des Sciences & des Arts, ou quelqu'unes de leurs parties*, dont l'étude, ou l'usage est nuisible aussi-bien que défendu. Au moins si ce n'est à l'égard des

des ūns ; c'eſt à l'égard des autres. Eſt-il, par éxemple, utile à tout le monde d'être inſtruit en celles qui enſeignent à compoſer le ſubtil Poiſon, ou à diminuer les Eſpéces de monnoyes; & de s'y étudier par toutes les voyes qui ſeroient neceſſaires à cette connoiſſance. Combien y a-t-il d'autres pernicieux ſecrets, dont la recherche & l'épreuve ne découvrent que trop de Véritez, qui cauſent de véritables maux au Public, comme aux Particuliers ? Il eſt du mal comme du bien, on peut ſe rendre capable dans la Science de l'un auſſi-bien que de l'autre ; c'eſt à dire, que par la connoiſſance des cauſes du mal, on vient à celle des mauvais éfets qu'elles peuvent produire, mais les véritez, que cette funeſte Science nous fait connoître, ſont des véritez dont la Théorie auſſi-bien que la Pratique, ſont plus nuiſibles à pluſieurs, que profitables; & bien des gens ſont plûtôt en droit de les ignorer que de les connoître.

Puis donc que l'Auteur ne fait aucune exception de *parties* ; qu'il fait dépendre la parfaite connoiſſance des Sciences &

des Arts dans un libre éxercice comme l'unique moyen pour arriver à leur Perfection, cela sufit pour faire voir la fausseté de son Hipotèse, & montrer que le droit de connoître de toute sorte de sujets sans aucune restriction est mal fondé, & par conséquent celui de penser avec *Liberté*.

Mais ce qui rend son raisonnement encore plus absurde, c'est qu'il nous dispose à conclure à l'égard des Véritez de Religion, en vertu du même Droit que nous avons de connoître des Sciences naturelles; comme si leur connoissance partoit du même Principe. C'est ce qui le fait échouer dans toutes les preuves qu'il aporte & qui nous convainquent en même tems qu'il y a un moyen bien plus sûr pour nous découvrir ces Véritez que ne peut être sa Liberté de Penser. Il sufit à présent de savoir que sa Liberté n'y peut prétendre.

ARTICLE V.

Le moyen de se perfectionner dans les Sciences & les Arts par une entiére Liberté de Penser, est d'une pernicieuse conséquence qui détruit la précédente Hipothèse.

A Quoi sert la longue comparaison, que l'Auteur a faite de la Liberté de penser qu'on doit avoir dans les Sciences, au libre éxercice qui est nécessaire dans la Peinture, ou dans les autres Arts ? Cette comparaison est sans doute très propre à démontrer les pernicieuses conséquences d'une Liberté illimitée. Prétend-il autoriser tout ce qui peut se faire par Art ? est-il permis de mettre toute son industrie en usage, de faire expérience de tout ? n'y a-t-il rien de défendu, rien de préjudiciable, rien de contraire aux Loix qu'on ne puisse éxécuter, tenter, essayer ? Ne sauroit-on être parfait sans éprouver toutes les parties d'un Art & tout ce qui peut s'inventer selon ses régles ? L'Esprit fort passe par dessus ces considérations ; mais ceux qui n'ont pas tant de force d'Esprit croiront toûjours qu'il y a des exceptions à faire dans les Arts aussi-bien que dans les Sciences, & que les hommes n'ont point droit de s'y perfectionner par le moyen d'une Liberté sans bornes.

La comparaison dont il se sert pour mettre sa pensée dans tout son jour, fera voir les dangereuses suites de sa Liberté. Elle est trop curieuse pour ne la pas donner tout au long. „ Suposons, dit-il, qu'il y eut des Peintres, dont l'Art fut tellement limité „ par la Religion de leur Païs, qu'ils „ crussent peut-être pécher contre ses „ défenses, en representant quelque „ Créature vivante. Il est constant que „ cette Loi mettroit des bornes à leur „ habileté, leur ôteroit le moyen d'aquérir une plus grande perfection „ dans la Peinture, & priveroit les Curieux de plusieurs belles piéces que „ ces Peintres pouroient devenir capables d'éxécuter, s'ils avoient la même liberté de s'éxercer, que les „ Payens & les Chrêtiens ont, à qui „ leur Religion ne défend pas ces sortes d'Ouvrages. Mais si quelqu'un „ de

„ de ces Peintres & plus hardi & plus „ libre que les autres, entreprenoit, en „ transgressant la Loi établie pour la „ Peinture, de représenter, soit un „ Dieu, ou une Déesse; il est très pro„ bable que le premier essai qu'il en „ feroit, n'aprocheroit en rien de la „ perfection de ces Originaux, que „ nous avons des mains des fameux „ Peintres. Et pourquoi? sinon par„ ce que ce Peintre n'auroit pas aquis „ l'experience de ces habiles Maîtres. „ Je veux même que dans ce Païs-là „ on ait la liberté de peindre, on n'y „ portera jamais cet Art à un haut de„ gré de perfection, si on ne joint à „ cette liberté, des récompenses capa„ bles d'animer à la recherche de ce „ qu'il y a de plus excellent, afin „ qu'un grand nombre de personnes „ s'y apliquant, s'éforce par une cer„ taine émulation à l'emporter les uns „ sur les autres dans la beauté de leurs „ Ouvrages. En éfet, n'est-ce point à „ cette émulation excitée chez les Ita„ liens par des libéralitez publiques „ qu'on doit atribuer le progrès qu'ils „ ont fait dans la Peinture.

Selon cette Régle de la liberté de Peindre, pour prouver sa *Liberté de Penser*, il faut pareillement raisonner de tous les autres Arts. Et si nous faisons une juste aplication du libre éxercice qui est nécessaire dans la Peinture, pour arriver à sa perfection, à la Liberté qu'on doit avoir dans la Pharmacie, on aura la même raison de dire que cet Art ne doit pas être limité par les Loix. S'il l'étoit, & qu'on crût pécher en éxerçant tous les secrets que la Pharmacie enseigne, soit pour déranger le cerveau de quelqu'un, soit pour causer la stérilité & l'avortement dans une Femme, ou pour donner à du Poison tel éfet qu'on desire; si, dis-je, on croyoit faire en cela un péché, il est constant que les Loix mettroient des bornes à l'habileté des Professeurs de cet Art, leur ôteroient le moyen de s'y perfectionner encore davantage. & priveroient ceux, qui en sont curieux, de plusieurs découvertes que ces Artistes pourroient faire, s'ils avoient la même Liberté que se sont donné autrefois tant de gens, qui sous le nom de Magiciens, n'excelloient éfec-

éfectivement qu'en ces maléfices.

Mais si quelque Pharmacien plus hardi & plus déterminé que les autres, entreprenoit, en transgressant les Loix, d'envoyer aux petites Maisons, par le moyen de quelque nouveau breuvage, ceux dont il voudroit se rendre héritier; qu'il prît la liberté, de faire des essais pour éprouver la force, la lenteur, ou bien la promptitude de son Poison; enfin, si par un libre éxercice en tout ce que l'Art peut faire, il découvroit dans les Plantes & les Mineraux, ou par le moyen de la Chimie, quelque vertu plus préjudiciable que ne peuvent faire les autres, qui n'oseroient tenter ces funestes expériences, il est très probable que cet homme n'aprocheroit en rien de la perfection où il faloit que les Magiciens de Pharaon fussent arrivez, pour faire, par leurs enchantemens, tous les prodiges que nous lisons d'eux, ou de ces Empoisonneurs qui se sont rendus insignes par la vertu terrible, mais si artistement invemtée de leurs secrets. Dont le sage a dit, *tu les as eus en horreur, ô Dieu! parce qu'ils faisoient choses horribles par leurs Poisons.* Qui

Qui empêche que ce maudit talent ne ſoit pas aujourd'hui en ſa perfection, ſinon, parce qu'on n'a pas aquis l'expérience de ces infames Artiſtes d'iniquité. Je veux même qu'on ait la liberté d'éprouver toutes ſortes de poiſons & de maléfices, on ne portera cependant jamais la Pharmacie au dernier degré de perfection, ſi on ne joint à cette Liberté des récompenſes capables d'animer à la recherche de tout ce qui ſe peut inventer, par cet Art, de plus malin & de plus terrible; afin qu'un grand nombre de perſonnes, s'y apliquent avec émulation, pour exceller dans la rareté de leurs abominables inventions. En éfet, n'eſt-ce pas à cette émulation excitée parmi les anciens Chaldéens & Egyptiens qu'on doit atribuer les progrès qu'ils ont fait dans les ſecrets magiques que la Pharmacie cache dans une de ſes branches.

Ne voila-t-il pas le Droit de ſe perfectionner en toutes ſortes d'Arts mis dans un beau jour. L'Auteur a ſupoſé que la Religion ne doit pas borner l'habileté des Peintres; puis qu'ils ont droit de ſe perfectionner dans les mêmes choſes qu'ils ont droit de connoître. Mais il faut qu'il ſu-

ſupoſe encore ici, par la même raiſon, que les Loix tant divines qu'humaines, ne bornent point l'éxercice des Arts, non plus que celui de la Pharmacie, ni d'aucune de ſes branches. Que s'il n'a pas prétendu porter la Liberté juſques dans le mechant uſage qu'on peut faire des Arts auſſi-bien que des Sciences, ou quelqu'une de leurs parties, il faut qu'il admette quelques modifications ; qu'il régle de quelle maniére leurs uſages eſt permis & juſques à quel point le droit de s'y perfectionner eſt autoriſé. Mais puis qu'il ne le fait point, ſon Hipotèſe eſt fauſſe, & il n'eſt pas vrai qu'il n'y ait aucune connoiſſance que la Loi Divine nous oblige d'ignorer, ou qui nous puiſſe être préjudiciable, & que nous ayons droit de nous perfectionner dans toutes ſans limitation. De quelle force ſeront après cela les conſéquences qu'il doit tirer pour établir ſa liberté dans les Sciences comme dans les matiéres de Religion? puis qu'elles n'ont qu'un fondement ſupoſé, dont la fauſſeté eſt manifeſte, & d'où l'on ne peut conclure que des abſurditez inſuportables. En vérité il faut que les Eſprits ſoient bien pré-

prévenus en faveur de tout ce qui paroît nouveau, pour ne s'être pas aperçûs de ce défaut de raiſonnement, & s'être perſuadez que l'Auteur n'avance que des véritez inconteſtables, *mais qui ne ſont pas à publier*. Ils auroient plus de raiſon de dire que toutes les autoritez qu'il raporte ne ſont pas des véritez inconteſtables, puis que la plûpart ſont des Auteurs de ſon Païs, dont les opinions ſont ſi partagées, que l'autorité de l'un eſt détruite par celle de l'autre ; qu'il n'y a pas plus de vérité dans les faits, où il ſe rend coupable de la même partialité dont il acuſe les autres ; ils devroient encore ajoûter que s'il y a des véritez inconteſtables dans quelques autoritez ou pluſieurs autres faits, il n'y a aucune vérité dans les raiſonnemens qu'il établit deſſus, pour ſoûtenir ſa liberté.

AR.

ARTICLE VI.

La Limitation sur quelque partie de Science n'empêche point de s'y perfectionner; l'Injustice qu'on fait aux Prêtres de leur atribuer l'ignorance des Siécles passez pour cette raison-là.

QUi doute, que ce n'est qu'à proportion, qu'on s'éxerce dans les Sciences, qu'on découvre la vérité? mais aussi qui doute qu'on en peut faire un très mauvais usage? Outre celui des Sciences les plus certaines, comme des Mathématiques, quel mal ne peut-on pas faire sous le nom de Science. Un homme se fait une Philosophie nouvelle qu'il établit sur des Principes qui ne sont pas communs, & d'où il se forme des sistêmes qui n'ont point encore paru. Quoi qu'il n'y ait souvent guére de vérité en toute cette Science, on ne dispute à personne le droit d'éxercer son Esprit pour trouver quelque chose de plus véritable. Mais non content de cela, ce savant Homme veut accommoder sa créance ce à sa Philosophie, régler sa foi selon ses Principes, & se faire lui-même un sistême de Religion qu'il défend contre tous les autres avec toute l'opiniâtreté dont un homme est capable. Là-dessus je demande, si c'est porter les Sciences jusques à leur perfection que de les pousser jusques à ce point. N'est-ce pas outrer la Science que de donner ce nom aux imaginations de son Esprit, qui n'ont rien d'assez certain pour les traiter de véritez. Il y a tant d'incertitudes parmi les plus savans sur la connoissance des véritez naturelles, qu'ils ne doivent pas prétendre être plus certains sur celles de la Religion. Vouloir décider opiniâtrement sur cet article, c'est sortir hors de la Sphére de leur Science, c'est passer les bornes que Dieu a prescrites lui-même à l'esprit humain, c'est une Science dont il se réserve à lui seul le droit de découvrir la vérité. C'est cependant ce droit que notre Auteur s'atribuë, il ne connoît point de bornes dans son savoir, & non content d'avoir imposé dans les Sciences, comme il est ordinaire aux autres hommes de faire, il il veut encore se servir du nom de Science pour imposer dans la Religion. Il n'y a pas seulement de l'erreur en cela ; mais c'est encore commettre une grande injustice contre les Prêtres que de leur reprocher d'avoir caché au monde une partie des Sciences par les bornes qu'ils leurs ont imposées. Comme c'est sur la conduite de ceux-ci, tant Payens que Chrêtiens, qu'il doit autoriser sa Liberté de Penser sur les matiéres de Religion, je prie le Lecteur de considérer que cet emportement contre les Prêtres de toutes sortes de Religions est aussi inutile pour prouver sa Liberté, qu'il est en éfet injuste.

Car ces Prêtres étoient ou Payens ou Chrêtiens ; & les Sciences, ou plûtôt cette partie des Sciences qu'ils défendoient au Peuple étoit contraire à leur Religion ou bien indiférente. Je n'entreprendrai pas la défense des Prêtres Payens, Je les estime indignes d'être comparez aux Prêtres des Chrêtiens, & la conséquence que l'Auteur en prétend tirer dans la suite sans distinction, me paroît aussi odieuse que la comparaison même : Mais cepen-

 dant,

dant ne pourroit-on point dire, que si les Prêtres du Paganisme ont interdit, ou plûtôt s'ils n'ont pas enseigné quelques Points de Science contraires à leur Religion, ils n'étoient pas tant blâmables en cela, que d'avoir crû ceux en quoi leur Religion consistoit, & qu'ils permettoient aux autres de croire. Ils enseignoient ce qu'ils croyoient en qualité de Païens, & en cela ils faisoient plus mal que de défendre, en qualité de Prêtres, ce qu'ils ne croyoient pas, pourvû qu'ils agissent de bonne foi, & par ignorance plûtôt que par malice. Personne ne les taxera du dernier, que ceux qui s'imaginent que les Prêtres d'une autre Religion, savent très bien, que ce qu'ils enseignent n'est que mensonge, & que ce n'est, qu'avec une noire malice, qu'ils cachent les véritez que leurs propres Prêtres enseignent. Mais c'est une chose si diabolique, qu'on a de la peine à croire qu'il y ait beaucoup de gens de ce caractére, même parmi les Payens. Que s'il y en avoit qui ne crussent pas de bonne foi, ce ne pouvoit être qu'un petit nombre, sur qui le blâme d'avoir imposé des bor-

bornes aux Sciences ne peut tomber avec justice. Après tout, est-ce la défense, que les Prêtres ont faite de quelque partie de Science, qui a été la cause de l'ignorance des Peuples avant le rétablissement des belles Lettres. Ces Prêtres pouvoient-ils interdire la connoissance de ce qu'ils ne connoissoient point, ni eux, ni leurs contemporains ? N'est-il pas plus raisonnable de l'atribuer tant aux guerres causées par la révolution des Empires, qu'aux malheurs des tems inféconds en génies extraordinaires, ou à l'esprit barbare dont les hommes étoient alors possédez ? Peut-on croire aisément que ces mêmes hommes auroient été plus éclairez, s'il n'y avoit point eu des Prêtres ; puis que ce genre de personnes acoûtumez à instruire les autres, sont ordinairement les plus spirituels. Que s'ils défendoient de croire des choses qu'ils n'enseignoient point, ce n'étoit pas dans la crainte qu'on ne s'éclaircit de la vérité ; mais par une ignorance qui dominoit en eux aussi-bien que dans le Peuple, & qui étoit la cause qu'ils croyoient qu'il n'y avoit rien

 de

de plus vrai que ce qu'ils debitoient. Quoi qu'il en soit, il est certain que ni les Prêtres, ni aucun homme n'auroit pû porter la Science jusqu'à concevoir une parfaite idée de la Divinité, si Dieu lui-même n'en avoit donné l'intelligence : que ce n'est point par la Liberté de Penser ; mais par d'autres voyes qu'on a fait cette découverte. Que la Liberté de Penser n'a pû produire tout au plus que des Opinions touchant la rondeur & le mouvement de la Terre, ou d'autres points de Sciences qui sont encore en dispute : de sorte que c'est se moquer d'atribuer aux Prêtres Payens d'avoir caché cette connoissance, ou toute autre dont ils étoient eux-mêmes privez, & d'avoir par là été la cause de l'ignorance qui régnoit dans les ténébres du Paganisme qui les envelopoit également ; comme si la Liberté de Penser en avoit pû éxempter de trés habiles gens & les éclairer sur les Véritez de la Religion.

Pour les Prêtres de la Religion Chrêtienne, peut-on dire qu'avant qu'une confusion de sentimens, qui ont par-

partagé les Novateurs, (& dont l'Auteur prétend peut-être parler comme un éfet du rétablissement des belles Lettres,) qu'avant, dis-je, ce tems-là, les Prêtres suivissent une Doctrine qui fut contraire à quelques parties de Science qu'ils cachoient pour mieux imposer au Public, dans un tems, où les Conciles, qui décidoient de la véritable creance, avoient une autorité qui n'étoit pas révoquée en doute comme elle a été depuis les derniers Siécles, Or peut-on acuser toute l'Eglise en Corps d'avoir été coupable d'une telle supercherie ? a-t-elle défendu qu'on s'éxerçât dans aucune Science, pourvû qu'on ne fît pas consister leur perfection à vouloir dogmatiser. Que si quelques Docteurs particuliers se sont trompez sur quelque point de Science, & ont caché la vérité en enseignant le contraire, ils ne faisoient pas de leurs opinions un Point de Doctrine, & encore moins en faisoient-ils la régle de leur foi. L'eussent-ils fait, leur sentiment n'étoit-il pas rejetté par les mêmes Conciles & par les Ortodoxes, comme il se pratique de nos jours dans

dans toutes les Communions, dont le procédé revient à peu près à la même chose? Il n'est donc pas juste d'acuser les Prêtres Chrétiens d'avoir imposé des bornes aux Sciences, parce que quelques Particuliers ont enseigné, à l'égard de quelques-unes, des sentimens contraires à ceux qu'ils vouloient détruire Il faudroit faire voir que tout le Corps des Prestres a privé les hommes de quelques connoissances qu'on ne devoit pas leur interdire, ou si vous voulez que les opinions, qu'on a répanduës dans le monde, depuis qu'on est devenu si savant, *depuis le retablissement des belles Lettres*, sont plus véritables que celles de tout ce Corps ensemble. C'est pourquoi l'Auteur a beau alléguer dans la suite l'éxemple de certains Prêtres, dont les sentimens n'étoient pas conformes à ce que la généralité des Prêtres & du Peuple croyoit, ils ne doivent plus être regardez comme des Prêtres de la même Communion, c'est à dire comme ayant droit d'enseigner, mais comme Docteurs particuliers qui renoncent au Droit commun, pour s'atribuer une Autorité

par-

particuliére. Si on y prend bien garde; c'eſt l'uſage de tous les Prêtres, ſous quelque nom qu'ils puiſſent être conſidérez. Et qui ſaura ainſi diſtinguer les Prêtres, n'aura que du mépris pour tout ce que leur grand Ennemi raporte dans la ſuite de leur procédé. C'eſt aſſez pour le préſent de ſavoir, qu'ils n'ont point empêché la perfection des Sciences par les bornes qu'ils ont impoſées, & que c'eſt une grande injuſtice qu'on leur fait, pour prouver la Liberté de Penſer par une raiſon auſſi fauſſe qu'inutile.

C'eſt encore bien inutilement, que pour autoriſer cette Liberté il fait voir que toutes les Sciences & les Arts ont une telle liaiſon enſemble, que la limitation de l'une empêche la connoiſſance de l'autre, auſſi-bien que de celui-là même où l'on veut ſe rendre parfait. Car lors qu'aucune de leurs parties ne renferme non plus de mal, qu'à ſavoir comment ſe fait la rouë d'un Char, on lui acorde qu'il eſt libre de les ſavoir & même néceſſaire pour être univerſel. Mais *Homére*, dont la connoiſſance, comme remarque l'Auteur, s'étendoit jusques à ce point, n'étoit pas moins universel, pour ignorer le Secret de se défaire d'un homme par l'odeur empoisonnée d'une fleur, l'usage des Bombes & des Carcasses, ou semblables inventions, qui sont une partie de ce que les Arts & les Sciences aprennent, & si préjudiciables au genre humain, qu'il seroit à souhaiter, que les hommes n'eussent jamais eu la Liberté d'y éxercer leurs Pensées. Mais l'Auteur n'a pas encore poussé à bout la sienne sur la perfection des Sciences, il va chercher cette perfection jusques dans l'Ecriture Sainte pour apuyer sa même raison, que je vais achever de réfuter.

ARTICLE VII.

La connoissance de la volonté de Dieu marquée dans l'Ecriture, ne dépend point de la connoissance des Sciences & des Arts dont il y est fait mention.

NE diroit-on pas, que c'est avoir une haute idée de la Bible, de la re-

regarder comme le Sommaire de tous les Livres, où il n'y a point d'Arts & de Sciences qui n'y soient couchez avec la derniére perfection. Mais cette idée ne répond nullement à l'intention de Dieu, qui en est le premier Auteur, & dont le dessein n'a pas été de nous le rendre recommandable par ces beaux endroits, non plus que de nous instruire dans la Navigation, la Pharmacie, l'Agriculture & autres points de Sciences & d'Arts, dont il est fait mention dans le Discours de la *Liberté de Penser*. Son unique but est de nous enseigner une Science bien plus Divine, dont la perfection consiste dans la connoissance de sa Vérité & dans l'obéïssance à ses Commandemens. Non, ce Livre Sacré n'a point été fait, pour nous donner de quoi éxercer nos esprits dans les Sciences qui y sont touchées, afin de nous rendre plus capables d'en comprendre les mistéres, après être devenus bien savans & grands Artistes. Et c'est bien peu connoître la volonté de Dieu, qui y est contenuë, de soûtenir le droit que les hommes ont de Penser de cette Science Sacrée avec la même

Liberté que des autres : puis que son intention paroît en avoir borné l'intelligence à ce qu'en a dit son Fils, qu'il a envoyé pour révéler sa volonté, & aux moyens qu'il a établis pour la révéler de sa part. Ce qui n'auroit pas été nécessaire, si les Savans avoient Droit de la connoître, parce qu'ils ont celui de connoître les Arts & les Sciences qui sont aussi contenuës dans le même Livre.

Si on fait dépendre des Arts & des Sciences la connnoissance de Dieu & des préceptes de sa Loi, c'est traiter la Bible, comme on feroit l'Illiade d'Homére. Il s'en suivroit que le meilleur Médecin, le plus habile Mathématicien, & le plus experimenté Navigateur, devroient avoir chacun en leur maniére, des connoissances de Dieu & de sa volonté que nous n'avons pas, ou que nous ne pouvons avoir par un autre moyen. Et il seroit surprenant que les Juifs qui peuvent être aussi bons Chronologistes, aussi entendus dans la Phisique, & les autres parties de la Philosophie, qu'aucun Chrêtien, n'ayent cependant pas le pouvoir

voir de lever, par les ſeules lumiéres de ces Sciences, ce voile épais qui les empêche de découvrir l'acompliſſement des Prophéties que l'Auteur en fait dépendre. La vérité eſt que, quelque droit que l'on ait de ſe perfectionner dans ces diférentes connoiſſances, ce ne ſera jamais par les ſeules lumiéres qu'elles donnent, qu'on entrera dans la véritable intelligence des Ecritures ; à moins que l'Eſprit de celui qui les a inſpirez n'éclaire celui qui les veut comprendre ; Il eſt donc inutile de vouloir prouver la liberté que nous avons d'en juger, par le Droit que nous avons de connoître des Arts & des Sciences, dont il y eſt fait mention, & ſur quoi on ne prétend pas limiter les penſées des hommes ; Cette limitation n'eſt que ſur la maniére de régler ſa foi ſelon la volonté de Dieu, que ces mêmes Ecritures comprennent. Tout ce que l'Auteur dit de l'habileté qu'il faut avoir dans l'Hiſtoire, la Chronologie & l'Art de l'Architecture décrit dans la conſtruction du Temple de *Salomon*, n'eſt point néceſſaire à ce deſſein. Tant de ſavoir ne nous donne point le Droit de de juger avec Liberté des véritez dont ce Temple n'étoit que la figure. Dieu seul s'est réservé le Droit de nous aprendre lui-même ce qu'il nous commande de connoître ou la maniére qu'il veut que nous le connoissions plus sûrement que par toutes les Sciences humaines.

C'est bien plûtôt nous dégoûter de ces connoissances par l'impossibilité de pénétrer dans l'intelligence d'un Livre, qui ne peut être entendu que par un Esprit universel. C'est cependant, de ce moyen unique de connoître la volonté de Dieu révélée dans ce Livre Sacré, que notre Auteur conclut en faveur de sa Liberté. Mais c'est domage qu'il n'ait pas distingué la connoissance de la volonté de Dieu qui regarde la Religion, de celle des Arts & des Sciences qui ne la concernent point & dont l'usage est permis; mais qui ne sufit point pour la Science du Salut. Voila donc les Hommes exclus de la connoissance certaine de leur Religion, & ils sont obligez d'avoir recours à quelqu'autre moyen plus sûr que la Liberté de Penser; sans laquelle toutes fois son Défenseur prétenc tend montrer, pour troisiéme raison; qu'on se précipite dans les Erreurs les plus grossiéres.

ARTICLE VIII.

La Liberté de Penser est le moyen de tomber, à l'égard des véritez Divines, dans de plus grandes absurditez, qu'on ne peut faire par quelque voye que ce puisse être. Il faut qu'il y en ait une autre par laquelle on ne tombe dans aucune.

QUi a précipité les Payens dans des pensées ridicules de la Divinité, comme on le remarque dans le Discours de la Liberté de Penser, & qui les a empêchez d'en avoir une véritable idée? Etoit-ce le manque de Liberté & la négligence de Penser? N'étoit-ce point plûtôt une profonde ignorance & une inhabileté à penser, comme ç'a été le trop de liberté, quand il a dépendu d'eux d'en avoir une véritable connoissance. C'est aussi cette ignorance, ou cet excès de Liberté qui a rempli l'esprit de plusieurs Chrétiens de de fauſſes notions, & fait avancer à quelques Docteurs des ſentimens contraires à la Doctrine des Orthodoxes.

Que ſi on impute à toute une Egliſe d'atribuer l'infaillibilité à un ſeul Homme, ſi on l'acuſe de donner aux Prêtres le pouvoir abſolu de damner & de ſauver, ſelon que bon leur ſemble, la concluſion qu'on en tire, pour montrer les abſurditez où l'on tombe par la négligence de Penſer, porte à faux. Il faudroit expoſer les opinions dont l'on fait voir l'abſurdité, telles qu'elles ſont autoriſées & crûës pour en tirer une conſéquence favorable à la Liberté qu'on pretend ſoûtenir. Tout ce qu'on en peut conclure ici, c'eſt que l'uſage qu'en a fait ſon grand Défenſeur, donne aſſez à connoître, qu'il ne reconnoît point d'autre infaillibilité que la ſienne; qu'il croit avoir lui-même le pouvoir, de ſauver ceux de ſa Secte, & de damner ceux qui en ſont les ennemis, ou plûtôt d'exemter les hommes du ſalut auſſi-bien que de la damnation;

nation; non pas au nom de Dieu, mais en ſon propre nom; & qu'enfin il eſt lui-même le Chef & le Maître de ſes penſées, qui ont chez lui toute la force d'un Concile Ecuménique.

S'il ne croit pas que cela ſoit abſurde, pourquoi ne croit-il pas, que tous les Anglois ont le même droit de juger des afaires Politiques, qu'en ont tous les Etats du Royaume dûëment aſſemblez en plein Parlement, ſous l'autorité du Souverain à qui on a coûtume de donner la qualité de *Vice-gérent* de Dieu. Je dis le même Droit, pour diſtinguer celui que les Etats ont de limiter les penſées des Sujets à de certaines Loix, de celui que tous les Sujets ont de raiſonner des afaires du Gouvernement, où il ne laiſſe pas encore de ſe trouver des exceptions. Sur ce pié, pourquoi l'Auteur accordera-t-il aux Anglicans chacun en leur particulier, le même pouvoir de décider, ſur des matiéres ſpirituelles, que prétend avoir toute l'Egliſe Anglicane dûëment convoquée par le même Souverain qui en eſt eſtimé le Chef ſuprême?

prême? Eſt-ce que Dieu préſide moin dans des Aſſembleés où l'on traite de afaires Religieuſes, que dans celles qu regardent le bien de l'Etat? ou pré tend-il que le St. Eſprit ſoufle plu immédiatement ſur les penſées d'u Eſprit fort, que ſur les délibération de tout un Corps.

Mais je me trompe dans la penſée d l'Auteur. Ce n'eſt pas le St. Eſpri qui donne à toute l'Egliſe Anglican le Droit de décider & de limiter le penſées des particuliers à une certain Doctrine. C'eſt un Droit que tous le hommes, qui la compoſent, ont e qualité d'Hommes, & ceux qui ont fait les Loix ſur leſquelles elle eſt établie, étoient une aſſemblée d'Eſprits forts. Dans quelles abſurditez ne fait-il pas tomber l'Egliſe Anglicane établie par les Loix? Quel droit, ceux qui ont établi l'Egliſe ſur ces Loix, avoient-ils, de prendre la liberté de limiter la penſée des autres. Je veux que ces Loix établiſſent l'Ecriture comme la Régle qu'un chacun doit ſuivre, elles ne laiſſent pas toutes fois de déterminer de quelle maniére on la doit en-

entendre à l'égard de certaines opinions, c'eſt établir la liberté de l'Ecriture, pour une Loi, & la détruire par une autre; c'eſt propoſer un moyen infaillible, & le limiter par une voye qui eſt incertaine; déclarer quelle eſt la volonté de Dieu, & la borner par la volonté des hommes; en un mot, c'eſt aſſujettir nos penſées aux Loix divines, & les Loix divines aux Loix humaines.

Je ne vois rien de plus abſurde que ces Loix, ſi les Légiſlateurs n'avoient point d'autre Droit de connoître les véritez de la Religion, pour réünir les Eſprits & les borner à une même créance, que celui qui rend tous les hommes libres de penſer. Car tout incertain que ſoit ce Droit, tout humain que ſoit ce moyen, l'Egliſe Anglicane, qui à cauſe de cela ne prétend pas paſſer pour infaillible dans ſes jugemens, ne laiſſe pas de vouloir qu'ils ſoient ſuivies comme ſi elle l'étoit. Or il y a plus d'abſurdité dans cette conduite que dans celle de ces autres Egliſes, qui, aſſemblées ſous un Evêque qui eſt leur Chef, comme la premiére l'eſt ſous un Roi qui eſt le ſien, prennent l'autorité de limiter le jugement des particuliers à leur Doctrine, parce qu'ils croyent que le St. Eſprit préſide à leurs déciſions pour les rendre infaillibles, & que l'Ecriture, qui doit être la régle d'un chacun, montre à un chacun une Egliſe établie ſur cette autorité. A quoi cela tend-il, ſinon de montrer, que la liberté de Penſer n'eſt point un moyen ſûr pour éviter de tomber dans des abſurditez, puis que l'Auteur, guidé par ſa Liberté de Penſer, ſe précipite dans les plus grandes, de ſorte que ſi l'Ortodoxie de ſon Egliſe n'eſt pas mieux fondée, que ſur ce principe, il ne faut pas s'étonner de la diviſion qui y régne, il y a donc un autre moyen plus divin & plus ſûr que celui-là pour ne point tomber dans ces inconvéniens.

Les abſurditez qu'il reproche encore à quelques anciens Péres, à l'égard de la Morale, ne donnent aucun droit de Penſer avec Liberté. Bien au contraire elles prouvent qu'il y a de certaines régles pour les mœurs, & une cer-

certaine réſerve à garder dans ſes penſées ; que ce n'eſt que cette réſerve & cette régle qui puiſſent nous empêcher, quelques éclairez que nous ſoyons, de nous écarter du chemin de la vérité. En éfet, ce n'eſt pas pour n'avoir point penſé, que ces anciens Docteurs ont erré ; mais pour avoir penſé avec trop de liberté. Je croi même pouvoir avancer, que le trop de liberté a cauſé plus d'erreurs que le trop de négligence à penſer. De quoi n'eſt pas capable un grand Eſprit, qui, donnant toute la Liberté à ſes penſées, les fait valoir auſſi-bien que fait notre Auteur? Sans doute qu'il n'auroit pas fait tant de mal, s'il avoit négligé de penſer, comme il en peut faire par le tour qu'il a donné à ſes penſées pour ſurprendre les ſimples qui jugent du général par un particulier. Ses penſées ne ſeroient pas ſi criminelles, ſi elles étoient auſſi ſoûmiſes que celles des Anciens Péres dont l'opiniâtreté de quelques-uns a aboli l'autorité. Mais il faut ſavoir qu'un Eſprit fort eſt en droit de Penſer avec Liberté & qu'il n'a point d'autre régle qu'une Liberté ſans réſerve, non plus que ſans ſoûmiſſion.

Il veut même qu'on n'ait aucune réserve dans la Lecture de l'Ecriture Sainte, & quoi qu'elle soit remplie de passages qui prescrivent une régle à ceux qui la lisent, il assure que tout le monde a la même Liberté, de glosser, d'interprêter, & d'expliquer chaque parole qu'on y lit, que tous les Commentateurs & les Prédicateurs ensemble. Il faut qu'un chacun interprête leurs interprétations, explique leurs explications, & fasse un nouveau Commentaire sur la Bible. C'est ce qu'on permet ; mais il a beau dire, le Luthérien l'expliquera toûjours en Luthérien, le Calviniste en Calviniste, & l'Auteur lui-même, tout fort Esprit qu'il soit & grand Ennemi des Prêtres, ne pourra s'empêcher d'y donner un sens Anglican. C'est ici que, sans y penser il perd sa *Liberté de Penser.* Car ce qu'il apelle sa penseé n'est qu'une prévention de la pensée des Prêtres qui l'ont instruit, ou des autres de qui il a apris à raisonner si librement. Entraîné par les pensées des autres, ce n'est point selon sa pensée, mais selon la leur qu'il explique les Ecritures.

C'est

C'eſt ce qui doit arriver à tous ceux qui ne ſont point conduits d'un certain Eſprit commun qui domine dans l'Egliſe ; qui, pour être inſtruits de l'Ecriture, n'ont recours qu'à leur propre raiſonnement, ſans prendre garde à ce qui y eſt commandé pour le régler. Ils prétendent la lire, comme ſi c'étoit le Livre d'un Philoſophe, qui ne contient que des Sciences d'un ordre naturel, ou que l'Eſprit, tant promis dans ce Livre pour en comprendre les véritez, ne fut point néceſſaire à des hommes qui ſont nez avec le Droit de les découvrir eux-mêmes. Je ne croi pas qu'on puiſſe tomber dans une abſurdité plus manifeſte, & plus capable de nous diſſuader de la Liberté de Penſer, qui a été la cauſe primitive de tant d'erreurs pareilles : Mais comme d'une erreur ſur un point d'importance, c'eſt l'ordinaire de tomber dans une autre, l'Auteur pouſſe ſon raiſonnement juſques à la plus grande de toutes les erreurs, dont j'eſpére deſabuſer le Lecteur.

ARTICLE IX.

La Religion ne consiste point dans les Opinions que quelques Prêtres font naître, lors qu'ils ôtent la Liberté de Penser & de voir; & il n'arrive des opinions énormes que par la Liberté de juger de tout, & de voir tout ce qu'on veut croire.

LA similitude, dont l'Auteur se sert pour prouver le contraire, est si scandaleuse, & l'aplication qu'il en fait si peu juste, qu'elle mérite plûtôt de l'indignation qu'une réponse. Mais le tour qu'il y donne pour décrier toutes les Religions en général & en former une sur le sistême de sa Liberté, fait voir tant de déréglement d'esprit, qu'il rectifiera les pensées de ceux qui n'ont pas encore l'idée qu'il faut avoir de la véritable. Car on prendroit pour Religion, certaines Opinions qu'il dit que les Prêtres enseignent; & qu'il compare aux illusions des joueurs de Passe-passe, qui font accroire qu'une Balle peut passer au tra-

travers d'une table, avec tous les autres tours d'adresses, dont les Bateleurs sont capables; mais comment en faire l'aplication, & montrer, que comme pour découvrir les artifices des derniers, on doit avoir la liberté de voir par ses propres yeux & non pas par ceux d'autrui, il en est ainsi pour voir les artifices des premiers. Afin que l'aplication fut juste, il faudroit qu'il prouvât que les Véritez de leur Religion dépendent de la vûë, & que des Véritez de faits particuliers, qui dépendent de la vûë, sont des Véritez de leur Religion. Or c'est ce qu'il ne peut faire comme on le verra dans la suite. Voici donc sa Liberté de voir, devenuë inutile à la Religion des Prêtres, dont le devoir est d'enseigner des Véritez qui ne se peuvent voir des yeux, & au rang desquelles ils ne peuvent mettre celles qui en dépendent.

Mais je veux qu'il y ait des Prêtres qui usent d'artifices, comme des Miracles qui ne soient que des impostures; y a-t-il de la comparaison de la vûë nécessaire pour découvrir la vérité d'un

 fait,

fait, à la penſée qui eſt néceſſaire pour compendre une Vérité de Religion. Tous les hommes ont droit de voir ce qui eſt caché dans un lieu de la terre, pour en être mieux aſſurez, mais ils n'ont pas droit de connoître des Véritez qui ſont cachées en Dieu, comme s'ils en doutoient. Dieu nous donne des yeux qui ſufiſent pour voir ſes Ouvrages, & il nous a donné un Eſprit qui ne ſufit pas pour connoître ſa volonté; c'eſt pourquoi il nous a encore donné l'Ecriture qui nous enſeigne les moyens de la connoître & nous aſſurent de notre inſufiſance. Du Droit donc que j'ai de voir les Créatures, dont je puis juger avec liberté, je ne dois pas conclure, que j'ai le droit de juger librement des Véritez Divines; parce que, ſi les objets ſenſibles dépendent de ma vûë, l'objet de ma foi ne dépend pas ſeulement de ma penſée.

De plus, ces Preſtres qui uſent d'artifice, eſt-ce le Corps des Preſtres dont je ſuis la Doctrine? Eſt-ce ſelon les penſées de ces Preſtres, eſt-ce ſelon leurs opinions que je croi, non plus que ce n'eſt

pas

pas par leurs yeux que je vois ? je crois ſelon l'Ecriture, qui autoriſe la Doctrine de toute l'Egliſe, je vois que leurs faux Miracles & leurs artifices ne ſont point contenus dans la créance qui fait ma Religion. Il m'eſt inutile d'en voir l'impoſture par mes propres yeux, ma Liberté de Penſer n'eſt point limitée à cela, mais à la Doctrine que je vois de mes propres yeux être univerſellement reçûë. De ſorte que, quelques Opinions qui puiſſent naître de ce que quelques Prêtres limitent la Liberté de la vûë ſur des choſes qu'il eſt au pouvoir de tous les hommes de voir, faut-il pour cela ſoûmettre la Religion au jugement de tous les Hommes & faire le procès à tous les Prêtres ?

Avant que je faſſe voir les opinions afreuſes qui coulent de cette Liberté, comme de leur ſource ; que l'Auteur me diſe, s'il croit qu'il y ait une véritable Religion ſur la terre ; ſi cette véritable Religion a des Preſtres, ou ſi elle n'en a pas. Pour nous, nous ne connoiſſons dans le monde aucune Religion un peu remarquable, ſans

Preſtres ; mais puis que les Preſtres de toutes les Religions, enſeignent ſelon lui-même des opinions ſi diférentes, que leur Doctrine paroît ſuſpecte, il faut qu'il croye qu'il n'y ait point de véritable Religion dans le monde, ou que la véritable Religion, dans le monde, n'ait point de Prêtres, qui ſans doute eſt celle des forts Eſprits. Or voyons ſi leurs opinions, établies avec toute la Liberté que les hommes peuvent donner à leurs penſées, ſont moins énormes que celles dont les Preſtres Chrétiens, & même Payens ſont, ou ont été la cauſe par les Limitations qu'ils y ont aportées ; les voici de la même maniére que l'Auteur s'en eſt lui-même expliqué en diférens endroits de ſes Ouvrages, & que je réduits dans l'ordre qui ſuit.

LA CREANCE

Des Forts Eſprits.

CRoire avoir ſatisfait à la Volonté de Dieu quand on a penſé librement.

N'avoir aucune frayeur de toutes les Erreurs où pourroient être tombez tous les Pro-

Proteſtans du monde, pourvû qu'eux & nous ayons penſé librement.

Regarder comme un péché, de croire que Dieu puiſſe être irrité contre nous, après avoir penſé librement.

Qu'il ſufit de donner à nos penſées toute la liberté néceſſaire, pour connoître évidemment qu'il y a un Etre parfaitement bon & tout-puiſſant, & quand à la faveur de cette Liberté, on eſt parvenu à la connoiſſance de cette veritable cauſe de toutes choſes, on doit traiter le reſte de ſuperſtition. Que cet Etre infiniment juſte ne peut obliger les Hommes, dans quelque Païs ou condition qu'ils ſoient, qu'à la connoiſſance des choſes, de l'Evidence deſquelles ils peuvent ſe convaincre, par la raiſon dont il les a douez.

Que dans cette Penſée, un homme qui a de la raiſon & de la probité, peut reſter ſans crainte de reſſentir les éfets terribles de ſa Colére dans les ſuplices d'une vie future.

Que le pire qui peut arriver à celui qui penſe librement, c'eſt de s'être agréablement trompé.

Il faut que la Religion de ceux, qui n'eſtiment pas ces propoſitions Hétérodoxes,

rodoxes, ſoit bien indulgente & favorable à toute ſorte de Sectes; puis que ces Articles de Foi des Eſprits forts eſt une fourberie la plus propre du monde à faſciner les yeux du Peuple & des Preſtres mêmes pour croire voir ce qu'ils ne voyent point, pour comprendre ce qu'ils ne comprennent point, & pour ſoûtenir les Opinions les plus énormes. Ce qui me fait regarder l'Auteur de ces Articles, comme le plus grand Bateleur qui fut jamais, & ſa Profeſſion de foi comme une Gibeciére dont on peut ſe ſervir pour tromper tout le monde. En éfet, c'eſt un fond, d'où peuvent ſortir les Opinions les plus monſtreuſes. Et cette créance de la Liberté de Penſer détruit elle ſeule tout ce qu'on peut dire pour ſoûtenir ſon droit auſſi-bien que ſon uſage. C'eſt donc en vain que l'Auteur cite les Oracles & les faux miracles des anciens Payens comme un éxemple des pernicieuſes conſéquences qui réſulte de ſa limitation: Puis que, comme on le va voir, la Créance des Forts Eſprits juſtifie l'impoſture de ceux qui limitent la liberté de voir auſſi-bien que de penſer. ART.

ARTICLE X.

La créance des Forts Esprits est pire, que les impostures des Prêtres Payens qu'elle justifie.

QUoi qu'en dise notre Esprit fort, l'imposture qu'il reproche aux Prestres Payens, n'avoit rien de si méchant que la Créance qui sert plus à les justifier qu'à les condamner. Car tout raisonnables qu'ils étoient, leur raison ne pouvoit percer au travers des nuages de l'ignorance qui régnoit de leur tems, & dont l'épaisseur empêchoit qu'ils ne pussent concevoir une juste idée de la Divinité. Cette raison leur faisoit bien entrevoir quelque chose de Divin, mais quelques éforts qu'ils ayent fait, ils n'ont pû pénétrer jusques à la véritable Divinité. Tout ce dont ils ont été capables a été d'en multiplier les idées & de se les représenter sous des figures telles qu'ils se l'imaginoient; ou dans quelques créatures plus ou moins nobles selon qu'ils étoient plus ou moins spirituels. Ils donnoient à leurs Divinitez, une Tête, un Corps, des Pieds,

Pieds, des Mains, ou autres formes qui étoient autant de Hiéroglifes des perfections Divines. Et de même qu'ils se formoient des Dieux sous des figures qui étoient de leur propre façon, aussi-bien que les Ouvrages de leur imagination ; aussi se sont-ils imaginez, de représenter leurs Pensées, leurs Actions, & leurs Paroles par tous les artifices qu'ils inventoient à ce dessein. De sorte que, quelques faux que fussent leurs Oracles, (si jamais il n'y en eut de véritables) aussi-bien que leurs Divinitez ; quoi que leurs Miracles se fissent par artifice, ils n'avoient cependant pû mieux réüssir pour se représenter la Divinité & sa maniére de se communiquer aux hommes. Ils avoient tourné leur esprit de toutes les façons; toute leur raison avoit été mise en usage ; ils avoient employé tout le savoir dont ils étoient capables ; c'est de quoi l'Auteur ne disconvient pas en quelqu'endroit de son Ouvrage. Et chacun en avoit conçû la meilleure idée qui lui avoit été possible. D'où il est arrivé qu'à force de s'être fait une telle idée de la Divinité, tant en sa forme

forme qu'en sa maniére de se faire connoître au Genre humain, ils ont crû qu'éfectivement leurs Divinitez parloient par leurs Oracles, & faisoient entendre leurs volontez par les signes dont ils étoient eux-mêmes les inventeurs.

Il est bien aisé à un fort Esprit de dire, que la Divinité est si évidente à un esprit raisonnable, que les Prestres Païens n'ont pû, sans imposture, faire croire au Peuple, tout ce qu'ils leurs persuadoient de leurs Dieux, sans leur donner la Liberté de voir; il lui est, dis-je, bien aisé de parler de la sorte, après que lui-même a tiré des Prestres d'aujourd'hui, contre lesquels il se déchaîne si fort, toutes les connoissances qu'il a de la Divinité, dont il fait un si mauvais usage. Semblable en cela à ceux qui, après la découverte du nouveau monde, estimérent que c'étoit une chose qui avoit été facile à faire, & qui ne pûrent cependant s'aviser de l'expédient de faire tenir un œuf droit sur un de ses bouts, qu'après que celui qui avoit fait la premiére découverte le fit d'un coup qu'il don.

donna de sa pointe contre la table, pour leur montrer la vanité de leur jugement par ce petit tour d'esprit.

Mais pourquoi l'Auteur de la Liberté de Penser condamne-t-il d'imposture les Prêtres du Paganisme ? n'est-il pas vrai, selon les principes de sa Religion, que s'ils ont employé toute la raison dont ils étoient capables; que si on ne peut leur disputer la Probité dont Dieu est le seul Juge; s'ils ont donné à leurs pensées toute la Liberté imaginable pour se former une idée de la Nature de Dieu & de sa Manifestation aux Hommes, n'est-il pas vrai, dis-je, qu'ils ont satisfait à sa volonté, que cet Etre bon ne pouvoit s'irriter contr'eux, & qu'ils ne devoient point craindre de ressentir les éfets terribles de sa colére, dans les suplices d'une gêne éternelle; que le pire qui leur a pû arriver a été de s'être agréablement trompez. De sorte qu'ils n'y a point de Religions, en faveur desquelles, on ne puisse se servir de ce raisonnement, pour justifier leurs opinions les plus énormes. Après cela je laisse à penser

ſer ſi on n'y tombe que parce qu'on ne penſe pas librement. Mais cette Opinion eſt encore pire que tous les faux Miracles des Prêtres Chrêtiens auſſi-bien que leurs opinions du Corps & du Sang de Jéſus Chriſt dans le Sacrement.

ARTICLE XI.

Que les Chrêtiens croyent de faux Miracles par la Foi des Prêtres eſt une impoſture ſuggérée par la Liberté de Penſer; dont les Opinions ſont pires, que celles qui naiſſent des faux Miracles.

QU'on éxamine toutes les Profeſſions de foi, en quoi conſiſte la Religion de chacun, on n'en trouvera point, qui comprenne la créance des Miracles ſur des faits particuliers, qui ſont des véritez dont les ſens ſont les propres juges, mais bien ſur le pouvoir que Dieu en donne, qui eſt une vérité qui eſt cruë ſans voir. La creance des Miracles d'aujourd'hui eſt la même que celle qu'on avoit autrefois des Miracles dont l'Ecriture fait mention.

tion. La Religion de ceux qui en ont été les Témoins oculaires, ne consistoit point à voir ce qui frapoit la vuë, mais à admirer, comme à croire la puissance en vertu de laquelle ils se faisoient; d'où vient que ceux qui avoient de la Religion, voyoient sans croire ce qu'ils voyoient, & croyoient sans voir, ce qu'ils ne voyoient pas? Ceux qui n'en avoient point, voyoient sans croire ce qu'ils voyoient ni ce qu'ils ne voyoient pas, & nous, si nous avons de la Religion, nous croyons ces Miracles sans voir, parce que nous croyons ce qui ne se peut voir, la puissance de Dieu qui les a faits, & même ce qui ne peut être entendu, qui est le témoignage de ceux qui les ont vus. Et notre Religion est veritable parce que nous croyons sur des véritez plus certaines, que les sens dont elles ne dépendent point. C'est pourquoi, lors que quelque Prestre enseigne la créance d'un faux Miracle, il peut bien imposer aux yeux du fidèle mais il ne peut pas imposer à sa Religion. Le Fidèle, si vous voulez, voit par les yeux du Prestre, ce qu'il voit

mai

mais il croit par les yeux de ſa propre créance la Toute-Puiſſance de Dieu qui peut faire de telles merveilles, quoi qu'il ne le voye pas. Sa Religion ne conſiſte point dans l'impoſture du Preſtre, (C'eſt un fort Eſprit qui en juge ainſi avec Liberté) mais elle conſiſte dans une Vérité qui ne dépend point des ſens.

Pour les Miracles, qui accompagnent la Vérité du Corps & du Sang de Jéſus Chriſt, que les Preſtres de pluſieurs Communions enſeignent, on ne peut pas dire que c'eſt impoſer aux yeux, puis que c'eſt une vérité de Religion qui n'en dépend en aucune maniére, & que les Preſtres n'obligent pas de voir autre choſe que ce qu'on y voit. Toute l'impoſture eſt du côté de l'Auteur, qui, pour faire valoir ſa Liberté, l'explique d'une autre maniére qu'ils ne font. Il ne ſufit pas de dire, qu'il y a des Preſtres qui prétendent que le Pain & le Vin deviennent le véritable Sang & le véritable Corps de Jéſus Chriſt, il faut encore dire de quelle façon ils l'entendent, laquelle ne répugne nullement aux ſens qui n'y voyent que ce ce qui y eſt à voir ; elle ne répugne pas non plus à la Parole de Dieu, qui, quant à la diſpoſition qu'il doit être reçû, parle d'Eſprit, & quant à ce qui eſt reçû aſſure poſitivement que c'eſt ſon Corps & ſon Sang ; & il n'y a rien auſſi qui ſoit contraire à ſa puiſſance, qui peut faire des choſes qui ſont incompréhenſibles à l'homme, & dont l'homme ne doit point douter quand il lui en donne des aſſurances expreſſes, en vertu deſquelles les Preſtres ne peuvent impoſer à la foi des Chrétiens, auxquels ils propoſent cette Vérité, non pas ſur ce que leurs yeux voyent, mais ſur ce que Dieu a dit. De quelque maniére que les autres le prennent, ils n'enſeignent pas que le Corps & le Sang ſoient reçûs avec le Pain & le Vin d'une maniére viſible, mais impénétrable & ſurnaturelle, comme font les Luthériens ; auſſi-bien que les Anglicans, qui croyent recevoir véritablement le Corps & le Sang ſans vouloir pénétrer plus avant. Je ne vois point juſques-ici où ces Preſtres impoſent aux yeux du Peuple, puis qu'ils conviennent tous que c'eſt une vérité de

de Religion qui ne dépend point des
ens, quoi qu'ils disputent sur ce qu'il
aut croire & qui n'en dépend point.
L'Auteur a donc bien mauvaise grace
de leur faire jouer à tous le personnage de Joueurs de Gobelets, sans épargner les derniers, à qui, par le Droit
de la Liberté, il atribuë, en un autre
lieu, d'enseigner la véritable Doctrine, en disant que celles qu'ils rejettent, ne peuvent être agréables à Dieu.
C'est ce qui s'apelle le tour de Gibeciére, que sa Liberté de Penser lui
aprend.

Mais si quelques-uns de ces Prestres, qui participent de sa Liberté, imposent à l'égard du même Sacrement, est-il bien éxempt lui-même d'imposition? Croit-il que le Corps & le Sang de Jésus Christ n'y sont point véritablement, mais en figure qui vaut une vérité, qu'il le mange sans qu'il y soit, ou qu'il vienne dans sa bouche sans descendre du Ciel? Quelle sorte d'imposition n'est-ce pas là? Car il est impossible qu'il n'y ait là quelque Miracle qui ne se peut voir des yeux, ou quelque contradiction qui ne peut consister

 avec

avec la Vérité. Non seulement il impose à la crédulité, mais encore aux sens des Peuples qui lisent tous les jours, l'entendent de leurs oreilles, que Jésus Christ promet de donner véritablement son Corps & son Sang, qu'ils ne croyent recevoir qu'en figure, parce qu'ils ne le voyent point, *pendant qu'ils ont entre leurs mains*, le croira-t-on ? *un Livre qu'ils révérent comme écrit du doigt de Dieu, & qui leurs enseigne le contraire.* C'est-là une Opinion qui paroît plus énorme, que toutes celles, au sujet desquelles, il a fait ce reproche à la plûpart des Chrétiens, en une autre occasion. C'est assurément bien imposer au monde, de vouloir faire passer ce que les Prestres font croire de certains Miracles pour des Véritez de Religion, & ne vouloir avoir pour Véritez de Religion, que ce qui dépend de la Liberté de Penser aussi-bien que de la Liberté de voir. Quelles pernicieuses conséquences ! quelles affreuses opinions ne peut pas produire une pareille imposition ! C'est ce qu'on verra dans toute son évidence, par l'idée que l'Auteur s'est formée lui-

mê-

même pour représenter ce qui arrive-roit, si on limitoit la Liberté de voir à la créance de tout ce que les Bate-leurs imposent aux yeux, dans leurs tours d'adresse, & qu'on pourroit ré-duire en certains articles qu'on nom-meroit la Profession de Foi oculaire, sans doute que ce seroit une Créance bien ridicule. Mais la Profession de Foi des Forts Esprits passe le ridicu-le.

ARTICLE XII.

La Profession de Foi des Forts Esprits fait plus de mal que tout ce qu'ils peuvent représenter par la comparaison de leur Profession de Foi Oculaire, c'est ce que la pratique de toutes les sortes de Pres-tres fait voir.

AFin de voir tout le mal dont *la Liberté de Penser* est capable, il n'y a qu'à suposer, comme fait son Défenseur, ce qui arriveroit, si on a-voit établi pour véritez plusieurs cho-ses qu'on voit faire aux Joueurs de Go-belets qui en font accroire; & que tous leurs tours passassent pour articles de foi qu'on apelleroit la Profession de Foi oculaire. Les zèlez défenseurs de cette croyance augmenteroient dans la suite le nombre des Articles dont elle seroit composée. Ils les enrichiroient de gloses & de longues explications; ils avanceroient plusieurs propositions, qui toutes incroyables qu'elles paroîtroient, ne seroient pourtant pas, à leur avis, contraires aux Loix de leur nouvel Optique, & pour donner plus d'autorité à ces Articles ils les accompagneroient d'Interprétations, d'apologies, de Paraphrases & de Commentaires. Dans le fond tout ceci est bien ridicule, & le dessein de l'Auteur l'est encore davantage de vouloir montrer par là le droit que les hommes ont d'être maîtres de leurs pensées en fait de Religion, parce qu'ils doivent être maîtres de leurs yeux sur des sujets qui ne la regardent point.

Mais sans avoir recours à un raisonnement imaginaire, disons quelque chose de plus réel; que si les Propositions que j'ai raportées des Forts Esprits étoient établies pour articles de Foi com-

(comme elle ne l'eſt que trop parmi les perſonnes de ce Caractére) quel mal n'en arriveroit-il pas? elles ne pourroient manquer de produire d'étranges opinions. Il n'y auroit point de fin aux raiſonnemens; ce ſeroit à qui feroit les plus grands éforts d'eſprit pour inventer de nouveaux Siſtêmes, pour enchérir ſur les penſées des autres, pour réſiſter aux opinions d'autrui & pour ſe prévaloir de ſa propre raiſon. Ce ſeroit alors que la Religion ſeroit, pour ainſi dire, balotée. Tous les raiſonnemens des Preſtres, tous les Commentateurs, & les Interprétes ne ſont pas la Régle de la véritable Créance, qu'autant qu'ils s'y réglent eux-mêmes, & ſur ce pié ils ſont d'un grand ſervice. Mais qu'un chacun ait une liberté ſans réſerve, il y aura autant d'Articles de foi qu'il y aura de Têtes fortes qui ſe donneront la Liberté de Penſer. Chaque Eſprit fort ſera ſon interpréte, auſſi-bien que ſa Liberté ſon propre Evangile; Chaque particulier aura le ſien ſelon l'Apologie ou le Commentaire qu'il en fera; aſſuré qu'il eſt, que s'il ſe trouve dans l'erl'erreur, c'est sans conséquence, mais seulement par une agréable tromperie. Tout ce qu'on peut dire de l'Inquisition, des faux Miracles, de la superstition, & de la bigoterie des Espagnols, n'égale point la méchanceté de ce Principe & le déréglement de cette pensée. Car ceux-ci ne fixent point leur créance à ce qui dépend de la vûë; mais à la vérité de la Doctrine qu'ils ont commune avec les autres. Il n'en va pas de même *de la Liberté de Penser* qui n'a rien de fixe. L'esprit de l'Homme est si idolâtre de ses propres pensées; il y a tant de prévention, d'humeur, de caprice & de passion dans ce qu'il apelle raison, qu'il est impossible que les sentimens de tous les hommes, entant qu'ils suivent leurs pensées avec liberté, ne diférent, & que ceux d'un seul homme soient toûjours les mêmes; ensorte qu'ils tourneront la Religion en toutes sortes de façons, & leur Religion ne consistera que dans les vaines imaginations de leur esprit & le foible témoignage de leurs sens; à moins qu'ils n'ayent une régle plus certaine qui les arrête & les

ré-

réüniſſe à une même créance fondée ſur quelque choſe de plus divin.

Cela eſt ſi univerſellement reconnu, que les Religions qui ſe piquent le plus de ſuivre purement l'Ecriture Sainte, ſelon qu'elle eſt conforme à leur raiſon ou à leur inſpiration particuliére, ne font que ſuivre la raiſon commune de leur Corps, auſſi-bien que les Interprétations communément reçûës parmi eux. Ils quitent leurs Principes pour s'accommoder à la pratique la plus ſûre. C'eſt pour cela que l'Auteur n'ataque toutes les Religions, en la perſonne de leurs Preſtres, que parce qu'ils limitent la Liberté de Penſer, en limitant le ſens de l'Ecriture à leurs opinions.

En éfet, lors que quelque particulier allégue ſes raiſons, ou donne quelques explications contraires au ſentiment général, on ne manque pas de les rejetter & de les anathématiſer. En quoi ils ne diferent, que par le nom qu'ils donnent à leurs Aſſemblées & à leurs Chefs, de ceux qui ne croyent que ce qui eſt arrêté par un Concile, ſous un Chef, & a été accepté de toute tē l'Eglise par un silence universel.

La dificulté est de savoir lequel de ces Corps d'Eglise a le plus de droit d'être crû le Dépositaire, l'Interpréte & le Juge de ce qui doit faire la Régle de la Foi d'un chacun. Si nous considérons tous ces Corps selon le Principe que chacun suit, nous verrons qu'il n'y en a que deux. Le plus grand, qui, sous le même Principe, tient une même Doctrine, est celui qui assûre que son Dépôt a le même fondement que cette Pierre sur laquelle Jésus Christ a édifié son Eglise; qu'il l'a conservée sans y avoir rien changé depuis qu'il l'a reçû successivement depuis le tems des Apôtres. Et que la ruine de toutes les Sectes qui se disoient avoir reçû ce Dépôt sacré, n'est arrivée que parce qu'ils ne l'avoient pas. Il fait voir que son témoignage, de l'aveu de ses Adversaires est le plus ancien, le plus universellement crû, le plus autentique, aussi-bien que le plus uniforme. Il prouve que la voye d'interpréter & de juger, comme il fait de la véritable Doctrine, a plus d'analogie avec le Gouvernement des Apôtres, qui

qui comme les Dispensateurs de la Loi & les Conducteurs des Fidèles avoient la Charge de veiller à leur salut & auxquels les derniers devoient obeïr. Et cela, conformément au Pouvoir que Jésus Christ leur a laissé de Prêcher & d'enseigner, de batiser & de remettre les péchez, dont ses Paroles font foi en termes si clairs, que c'est nier l'Ecriture, qui doit faire la Régle des Chrétiens, que de nier cette autorité, en lui donnant un autre sens qui n'est point naturel & qui paroît toûjours forcé.

Le second Corps, mais divisé en une quantité d'autres, par une créance toute contraire, ne laisse pas aussi d'être réüni sous un même Principe pour faire tête au premier. Tous ces Corps divisez conviennent ensemble, que chacun de leurs Sectateurs est le Dépositaire de sa Foi ; que son propre témoignage est certain ; qu'il est lui-même l'Interpréte & le Juge des Ecritures qui lui donne cette assurance, & que c'est à lui à se régler dessus, pourvû cependant, qu'il soit un des élûs de Dieu, comme ajoûtent quelques-uns.

uns. Quoi qu'il en ſoit, c'eſt cependant leurs Conducteurs qui réglent leur créance ; parce qu'ils ſavent très bien qu'il y en a fort peu qui ſoient capables de le faire ; que la plus grande partie, qui ne s'en met pas en peine, s'en raporte aveuglément à leurs ſentimens, & qu'elle eſt contente qu'ils lui montrent ou diſent le Texte, dont ſes Chefs ſont, en éfet, les ſeuls interprétes auſſi-bien que les ſeuls Juges. Que pour le petit nombre qui voudroit prendre la Liberté de Penſer & d'interpréter autrement, ils ont des moyens de les ſoûmettre ; ſi nous en croyons l'Auteur de *la Liberté de Penſer qui en parle* ainſi ; *Ils entraînent les Peuples dans leurs ſentimens, ſous prétexte d'agir avec eux de bonne foi, & en les flatant qu'ils ſont en droit de voir librement. Cependant, s'il s'en trouve quelques-uns qui ne ſe contentent pas de voir par les yeux de ces adroits Conducteurs, & qui demandent à voir par leurs propres yeux, ils leur font tout le mal qu'ils peuvent.*

Ne pouroit-on pas ajoûter ici, que les Membres de chacun de tous ſes Corps diviſez entr'eux, ne réglent

l'El'Ecriture & ce qu'ils apellent Inspiration, que selon les Dogmes dont le Corps, à qui ils apartiennent, est convenu; & qu'ils ne s'en séparent que lors qu'ils veulent suivre une autre Inspiration, que le même Corps ne manque pas alors de traiter de Fanatisme. Que si même on demande à chacun de ces Corps en particulier, pourquoi qu'ayant la même Régle, ils ont des opinions si diférentes; sans alléguer la grace que tous les Elûs ont de connoître dans l'Ecriture la veritable Doctrine qu'ils doivent suivre, comme ils font en d'autres rencontres, ils assurent en celle-ci qu'ils ne croyent rien que les autres ne croyent aussi, quoi que ceux-ci peuvent croire plus qu'ils ne font. Ils prétendent convenir dans les Points essentiels du Christianisme selon les Simboles de l'Eglise, à laquelle ils ont recours en cette occasion, & sans laquelle ils n'auroient pû en éfet convenir de plusieurs points; s'ils n'avoient suivi cette Régle. Mais, quoi qu'ils s'en prévalent, ce n'est qu'un masque pour cacher leurs diformitez. Qu'on lise les opinions qu'ils ont les uns des au-

autres, qu'on éxamine leurs véritables ſentimens, on verra qu'ils ſont autant opoſez à la Creance qu'ils font ſemblant d'avoir, qu'ils le ſont les uns aux autres en celles qu'ils ſuivent. Ils croyent une infinité de choſes que les autres ne croyent point; & ſi on vouloit faire un détail de toutes les Opinions, qui ſont venuës de leur Principe, qui répond à celui de la Liberté de Penſer, on reconnoîtroit que tout ce qu'on debite des Reliques, de l'adoration des Saints, du Purgatoire, &c. n'a rien qui aproche de leur énormité. C'eſt cependant de cette fatale Liberté que vient un ſi grand mal qui ſurpaſſe tout ce que l'Auteur a prétendu repréſenter par ſa comparaiſon.

Revenons à ces deux Corps enſemble qui partagent tous les Chrétiens & qui ſont diſtinguez l'un de l'autre par deux principes ſi diférens.

Lequel de ces deux Corps ſuivre, ou celui qui limite la Liberté de Penſer, par une autorité Divine dont il fait une Régle par l'Ecriture, ou de l'autre, qui propoſe l'Ecriture pour régle & prend de lui-même l'autorité

de

de l'expliquer pour l'usage. L'Auteur nous fournira de quoi discerner le parti le plus sûr dans la 2. Partie. Le dessein de celle-ci est de montrer, que prendre la pure Liberté de Penser pour un moyen certain de la vérité en fait de Religion, est un moyen plus propre à y causer des opinions afreuses ; & que le Droit sur lequel elle est fondée, n'est qu'un Droit chimérique, puis qu'il répugne même à la raison.

ARTICLE XIII.

Il est plus contre la Raison de prescrire des bornes à la sagesse de Dieu, qu'aux pensées des Hommes. Du prétendu service que la Liberté de Penser a rendu au monde Chrêtien.

AU compte de l'Auteur, les Peuples doivent être aussi sages que leurs Législateurs, & les hommes qui sont sujets à leurs Loix ont droit d'en demander la raison. Il est certain que Jésus Christ a prescrit aux Apôtres une Créance qui doit servir de Loi aux Chrétiens & que les mêmes Apôtres l'ont l'ont prêscrite à leurs Succeſſeurs. Il faut donc, ou que le Fils de Dieu nous ait donné le Droit d'éxaminer avec liberté la raiſon qu'il a euë de nous faire cette Loi, ou il faut avouer qu'il eſt plus raiſonnable de borner nos Penſées à la créance, que lui, auſſi-bien que ſes Apôtres nous ont preſcrite. Peut-on dire, ſans pécher contre la raiſon, que ſa volonté eſt que nous employons les lumiéres de notre Eſprit pour pénétrer dans la raiſon de tous les points de la ſublime Doctrine qu'il nous oblige de croire par la Loi de ſon Evangile. C'eſt une liberté qui ne nous eſt pas permiſe à l'égard des Puiſſances & des Cours Souveraines, ſur des points, qui ne dépendent même que de la raiſon. Leurs Loix cependant ne demandent que notre ſoûmiſſion, ſans être obligez de nous rendre raiſon pourquoi il les ont faites. Ainſi vouloir demander raiſon de la Doctrine contenuë dans la Loi de Jéſus Chriſt, eſt douter de ſon Autorité, ſur laquelle elle eſt fondée; auſſi-bien que de ſa bonté qui ne peut avoir d'autre deſſein, que de nous mettre dans la voye du ſalut, à quoi

quoi notre curiosité ne peut contribuer.

Toute la raison qu'on pouroit demander est, pourquoi nous croyons suivre la Doctrine que Jesus Christ a prescrite; mais ce n'est plus demander la raison de la Doctrine dont il nous a fait une Loi, qui borne d'elle-même nos pensées, & à laquelle il veut que nous nous soûmettions sur le commandement qu'il nous en fait. De sorte que si le raisonnement de l'Auteur étoit vrai, ce seroit ce Divin Législateur qui se contrediroit, & non pas le Fidèle qui soûmet ses pensées aux siennes; car en ce cas, lui qui nous a donné la raison, nous l'ôte; lui qui nous a donné des yeux veut que nous les fermions, pour voir plus clair que s'il nous les avoit ouverts. Mais un Esprit soûmis ne trouve point de contradiction à borner sa raison à celle de son Dieu.

Pour ce qui est de la raison, pourquoi nous croyons suivre la Doctrine qu'il a prescrite, c'est ce qu'il faut demander à tous les Chrétiens en général, tant à ceux qui bornent leurs pensées à quelque régle, qu'aux autres qui ne les bornent à aucune. Si vous demandez aux premiers que l'on diſtingue ordinairement en Catholiques, & en Proteſtans. Ceux-là vous répondront, que leur Doctrine eſt celle de Jéſus Chriſt, parce que c'eſt celle de l'Ecriture, où il donne à ſon Egliſe l'autorité d'expliquer ſes intentions. Autorité qu'ils regardent comme la Clef du Royaume des Cieux, qu'aucune autre Egliſe n'oſe confeſſer avoir reçûë de lui, & qu'on a vûë toûjours s'éxercer dans celle dont ils ſont les Membres. Les autres vous diront, que leur Doctrine eſt celle de Jéſus Chriſt; parce que c'eſt celle de l'Ecriture qui explique aſſez ſes intentions à celui qui a ſa grace, ſans l'autorité d'aucune Egliſe. Enfin, ſi vous demandez aux Chrétiens, qui ſont de la ſeconde Claſſe (s'ils méritent ce nom ſous celui de Forts Eſprits) ils vous aſſurent que leur Doctrine eſt la véritable, parce qu'ils y ont Penſé avec *Liberté.*

Or de toutes ces raiſons, celle qui eſt fondée ſur un moyen contraire à la fin qu'on ſe propoſe, eſt auſſi contraire à elle-même. Le moyen ſur le-

lequel les premiers de tous apuyent leur raison, n'est assurément pas contraire à la connoissance de la véritable Doctrine de Jésus Christ, ni à sa conservation. L'autorité d'une Eglise infaillible est un moyen très propre pour la connoître & en maintenir la vérité, qui est la fin de Jésus Christ, aussi-bien que de tous les Chrétiens. Il a pû établir ce moyen. Rien n'y répugne. Ses Paroles sont très fortes; & l'uniformité de la Doctrine de ceux qui fondent leur raison là-dessus persuade beaucoup qu'il a eu ce dessein, qui a eu un si bon éfet. On ne peut donc pas traiter de déraisonnables ceux qui croyent qu'il l'a fait & qui bornent là leurs pensées.

Le moyen qui régle la raison des seconds n'est pas non plus contraire à cette fin. Si l'Ecriture explique d'elle-même les intentions de Jésus Christ à quiconque a une droite raison aidée d'une inspiration Divine; c'est un moyen infaillible de connoître & de conserver sa Doctrine; pourvû qu'on bornât ses pensées à cela, & que l'on ne confondît pas la Raison avec les

Préjugez, ni l'Inſpiration avec le fanatiſme, & qu'on ne prétendît pas connoître dans l'Ecriture les Intentions de Jéſus Chriſt par les intentions des Hommes. Alors le moyen ſeroit plus propre à pervertir & à détruire la Religion de Jéſus Chriſt, qu'à la connoître & à la maintenir. La raiſon de ceux qui ſe repoſeroient ſur ce moyen, pour prouver que leur Religion eſt celle du Fils de Dieu, deviendroit contraire au deſſein qu'il a eu de nous la faire connoître & de conſerver ſon Egliſe dans ſa connoiſſance. Un ſi grand inconvénient nous feroit croire que le moyen d'inſpirer la Raiſon des Particuliers, pour régler d'eux-mêmes leur Doctrine ſur l'Ecriture, eſt un moyen ſujet à bien des mépriſes, qu'il étoit de la ſageſſe de Dieu d'empêcher. Puis qu'on voit viſiblement que c'eſt celui par lequel tant de ſortes de Sectes ſe ſont établies & ſur lequel ſeul ils fondent leur raiſon pour ſoûtenir des opinions diférentes. Quoi qu'il en ſoit, parce qu'ils croyent borner leurs penſées à l'Ecriture, quoi qu'ils bornent l'Ecriture à leurs penſées, ce qui revient

vient à peu près à la Liberté des Forts Eſprits, leur raiſon ne ſe contredit point; ils croyent agir par inſpiration, mais le malheur eſt qu'ils ſe trompent.

Pour le moyen ſur lequel les Forts Eſprits fondent leur raiſon, il eſt trop contraire à leur propre deſſein auſſi-bien qu'à celui de Jéſus Chriſt, pour ne pas ſe contredire. Leur deſſein eſt de connoître ſa véritable Doctrine dont ils conſeſſent, que les Apôtres étoient les diſpenſateurs avec un droit d'infaillibilité pour en juger; mais après eux ils prétendent avoir droit de le faire comme les Apôtres qui étoient infaillibles; ils ne reconnoiſſent point d'autre moyen que d'y penſer avec liberté. Chacun n'a pas le droit de ſe ſervir de ſa raiſon pour déterminer le véritable ſens des Loix humaines, & encore moins de ſe conduire ſur l'opinion qu'il en conçoit. Ces mêmes Loix ont établi ceux qui en doivent être les Juges & regler le jugement des autres. Mais nos Eſprits forts tirent de leur raiſon un Droit de juger des Loix Evangéliques; & ne ſe réglent que ſur le moyen que cette raiſon leur donne d'y Penſer. En quoi ils contrediſent au deſſein de Jéſus Chriſt qui auroit manqué à un point eſſentiel pour la conſervation de ſa Doctrine, s'il n'avoit donné aux Hommes qu'un moyen auſſi inſufiſant que celui-là; lors que tous les autres Légiſlateurs ont été ſi prudens pour perpétuer leurs ordonnances. Quoi, cette Doctrine toute Céleſte ſe trouvera abandonnée à la diſcrétion d'un nombre infini de capricieux, ou de perſonnes qui ne ſont pas capables d'éxaminer les raiſons de la bonne & de la fauſſe Doctrine, & par-là ſeront privez du moyen de connoître la Vérité ! Si donc les Apôtres n'ont point eu de Succeſſeurs en leur infaillibilité, ou que Jéſus Chriſt n'a point établi quelque voye certaine, mais qu'un chacun explique ſes Loix avec liberté, il faut reconnoître les Forts Eſprits pour les Succeſſeurs des Apôtres, & croire qu'ils ont apris d'eux la veritable Doctrine de l'Evangile, ou que comme les Apôtres, ils connoiſſent dans l'Ecriture quelles ſont les intentions de Jéſus Chriſt. Y reconnoiſſent-ils que ſa Doctrine eſt celle que chacun ſe forme après avoir fait tous les éforts pour y penſer, & qu'il n'y a rien à craindre,

quand

quand on s'eſt aquité de ce devoir? N'eſt-il deſcendu du Ciel que pour enſeigner cela ? Qui ne voit que ce n'eſt pas ſeulement pécher contre la Raiſon, mais encore contre le St. Eſprit, que d'eſpérer ſavoir les intentions de la Sageſſe incarnée par un moyen ſi humain & ſi foible, auſſi-bien que de croire, que tout l'expédient que cette Sageſſe infinie a trouvé pour donner à ſa Doctrine un fondement inébranlable, eſt celui d'y penſer librement. On ne voit que trop, que cet expédient n'y eſt nullement propre, par l'éxemple d'une infinité de Sectaires, qui n'en ont point eu d'autre pour donner cours à leurs ſentimens ſi opoſez les uns aux autres, que ce qui eſt eſtimé vrai par ceux-ci, paſſe pour une fauſſeté chez ceux-là. De ſorte que la *Liberté de Penſer* eſt une raiſon qui rend la Doctrine de Jéſus Chriſt fauſſe & véritable en même tems. Le moyen n'eſt-il pas bien ſûr pour réparer les Erreurs du Chriſtianiſme. Ce qui n'eſt encore rien en comparaiſon de l'inſigne avantage que la Liberté de Penſer a procuré au monde Chrétien, dont elle a chaſſé le Diable.

Les Professeurs *de la Liberté de Penser* croyent si peu de Diables, qu'ils ne font que plaisanter lors qu'ils disent que c'est l'unique moyen de le chasser & de détruire son Royaume. Ils apellent le chasser, que d'éloigner cette importune pensée de leur Esprit, & c'est l'avoir détruit que de n'en point croire du tout. Si ce que l'on a atribué au Diable n'en venoit point, & si on a debité plusieurs Histoires fabuleuses sur les Magiciens, qui est obligé de croire ces Faits particuliers, ou plûtôt qui est-ce qui ne s'en moque pas? Il sufit qu'il y a eu des gens qui, sous ce nom, ont fait beaucoup de mal, & que c'est avec justice que des Cours Souveraines leur ont fait porter la peine de leur malice plûtôt que de leurs Sortiléges; que d'un autre côté il peut y avoir des Possédez comme il y en a eu, & que quand il n'y en auroit que de cette espéce qui prétendent, par la force de leur Esprit, abolir son Empire en le traitant de foiblesse & de songe, on ne sauroit trop multiplier les Prestres, augmenter leur pouvoir & les assister du bras seculier, pour exterminer cette sor-

ſorte de Démoniacle. C'eſt tout ce que mérite cette mauvaiſe raiſon qu'on aporte pour établir *la Liberté de Penſer*. Cette raiſon non plus que les autres, ne fait nullement voir avec évidence que ce ſoit un Droit qui apartienne à tous les hommes. Au contraire, il a paru trop évidemment que c'eſt un Parti trop incertain pour le ſuivre, nous verrons dans la ſeconde Partie le plus ſûr de tous ceux dont il y ſera parlé.

SECTION SECONDE.

L'obligation où nous sommes à l'égard des Véritez de la Religion, consiste à régler nos pensées, de la maniére la plus sûre pour les connoître.

ARTICLE I.

Pour savoir sûrement les Véritez de la Religion, nous sommes obligez d'avoir une évidence, que notre Pensée est conforme à l'idée d'une Vérité éternelle, d'où elle procéde.

TOus les raisonnemens que l'Auteur employe pour prouver l'obligation de *la Liberté de Penser* en matiére de Religion, roulent sur un Principe aussi faux que les précédens. Le motif cependant en paroît specieux. Il ne s'agit pas moins que de savoir sa Religion & d'avoir une véritable opinion des principaux Points qu'elle nous propose, à quoi tout le monde est obligé. C'est pourquoi, si on le laissoit aller

aller son chemin, du même train qu'il fait, dans la fausse idée qu'il se forme d'une véritable opinion, il pourroit mener bien loin celui qui ne s'en défieroit pas Mais qui saura bien ce qui rend une opinion véritable, ne manquera pas de régler la sienne d'une maniére sûre, & de laisser l'Auteur suivre celle dont il se sert, pour nous entraîner avec lui dans le Précipice.

La vérité d'une opinion consiste dans la conformité de notre pensée à la vérité renfermée dans le sujet proposé & cela d'une maniére que nous n'ayons plus lieu d'en douter. Si le sujet est de notre portée, & que sa connoissance ne nous intéresse, que pour nous perfectionner dans les Sciences humaines, nous pouvons à force de raisonnement & par le secours de la Philosophie, en avoir une véritable opinion; parce que nous pouvons être assez heureux de conformer nos pensées à la vérité du sujet à quoi nous avons pensé. Le pis aller, c'est de n'être pas aussi savans que nous desirions l'être. Que si aucontraire, le sujet sur quoi notre pensée se porte est d'un d'un ordre ſurnaturel, mais d'une ſi grande importance qu'il eſt abſolument néceſſaire d'en connoître la vérité, il eſt impoſſible que nos penſées deviennent, par la ſeule voye du raiſonnement, conformes à la vérité d'un ſujet qui le ſurpaſſe. Il eſt certain que les ſujets de Religion ſont de la nature & de l'importance que nous venons de dire. Autrement, ſi elle n'a rien de divin & de ſurnaturel, c'eſt la mettre au rang de toutes les autres connoiſſances naturelles.

Or quel peut être le moyen qui éléve nos penſées juſques à les rendre conformes à la vérité des ſujets qu'elle propoſe? Ce ne peut être que la Révélation qui conforme notre Eſprit à l'idée d'une Vérité éternelle d'où elle procéde. Les Forts Eſprits ne laiſſent pas d'admettre cette Revelation s'ils parlent ſincérement quand ils le font, auſſi-bien que tous les Chrétiens en général. Mais le Point important d'où dépend tout le ſecret de la Religion, eſt de ſavoir qui nous rend capable, de cette Révélation. Eſt-ce l'Ecriture raiſonnée avec Liberté? Eſt-ce cette

Ecri-

Ecriture entenduë par inſpiration? Ou bien eſt-ce la même Ecriture priſe ſelon le jugement d'une Egliſe fondée par Jéſus Chriſt, à qui il ait donné le Don de connoître ce qui n'eſt point inſpiration, auſſi-bien que ce qui eſt un faux raiſonnement. Il n'y a point d'autre moyen ſur quoi les Chrétiens puiſſent prétendre conformer leur Eſprit à l'Eſprit de la Vérité éternelle qui parle dans les Ecritures. Il eſt queſtion de ſavoir quel eſt le moyen le plus ſûr pour nous y rendre conformes d'une maniér eque nous n'en ayons aucun doute.

Il eſt vrai que le Saint Eſprit révéle, dans l'Ecriture, la vérité de tous les ſujets qui regardent la Religion; Ce qu'il ne peut faire que d'une maniére très claire, & très parfaite. Ce Livre Sacré contient des véritez infaillibles & qui ſeront toûjours les mêmes. Nous n'avons qu'à conformer nos penſées à ce que cet Eſprit divin y a compris, pour en avoir une véritable opinion. Mais pour avoir cette conformité ſufit-il de lire l'Ecriture en ſuivant les ſeules lumiéres de notre raiſon?

Si nous étions bien sûrs, qu'elle ne nous manque jamais ; qu'elle n'est sujette à aucun défaut ; que les préjugez ne l'obscurcissent point ; quelle est certaine dans ses jugemens ; que la passion n'est point capable de la corrompre, & qu'elle est toûjours dans la même égalité, si, dis-je, tout cela étoit bien sûr, je ne doute point que nous ne puissions conformer notre Esprit à l'Esprit de Vérité qui nous parle dans l'Ecriture ; notre raison n'auroit rien d'humain, nos pensées dégagées de toute imperfection, nous pourions nous en servir avec liberté pour les conformer à la parfaite idée de Dieu. L'évidence de notre raisonnement, seroit une évidence de notre conformité. Sans autre moyen, nous pourions en juger Librement. Mais où est l'homme, pour peu de justice qu'il se rende qui ne soit convaincu du contraire ? Qui est celui qui ne sache pas, pour une preuve de ceci, qu'il y a des endroits dans l'Ecriture qui sont les plus clairs de tous, parce qu'en éfet ils contiennent ce qu'il y a de plus essentiel & de plus utile dans la Religion, lesquels cependant

dant ſont rejettez ſelon le ſens le plus naturel, pour y en donner un qui eſt tout à fait obſcur. Il y en a d'autres qui ſont obſcurs ſelon l'interprétation qu'on leur donne & qu'on ſoûtient avec la même aſſurance, que s'il n'y avoit aucune dificulté. Enfin, ne voit-on pas les mêmes Paſſages expliquez tout diféremment par des perſonnes qui ſe piquent le plus de raiſon? D'où vient cette obſcurité, ces contrariétez, cette impoſſibilité de convenir, cette préſomption dans ſon propre ſentiment? N'eſt-ce pas la même Ecriture que le St. Eſprit a dictée avec tant de clarté & de perfection. Il faut donc, que toute l'évidence du raiſonnement humain ſoit une fauſſe évidence dans les matiéres de Foi; puiſque, quoi qu'on faſſe par cette voye, jamais on n'en viendra à bout, comme il a été impoſſible de le faire juſqu'ici. Toute l'obſcurité vient de la raiſon de l'homme, tout le défaut eſt dans ſon eſprit qui a beſoin d'un moyen plus excellent que l'évidence du raiſonnement pour aprocher ſes penſées des penſées de Dieu, & lui donner une évidence de conformité à ſon Eſprit.

 C'eſt

C'eſt ce qui a été reconnu par ceux qui ne croyent pas pouvoir arriver juſqu'à l'évidence de cette conformité, ſans y être aidez d'une inſpiration qui leur en rende témoignage. Mais puis qu'ils tombent dans les mêmes inconvéniens que les premiers, ils font voir que leur inſpiration n'eſt que prétenduë, l'Eſprit divin ne peut pas inſpirer des ſentimens ſi contraires, ſi douteux, que ceux qu'ils ont tous ſur la même Ecriture dont cependant ils ne ſont pas les derniers à confeſſer la clarté. Perſonne ne peut pas trouver de ſûreté à ſuivre aucun de leurs ſentimens ; ils ont beau proteſter que l'Eſprit parle en eux & leur enſeigne les véritez contenuës dans l'Ecriture ; qu'ils ont ce Privilége par leur Election : c'eſt ce qu'ils aſſurent tous & leurs diférens témoignages ne ſert qu'à montrer qu'ils n'ont aucune évidence qu'ils ſoient conformes à cet Eſprit, mais qu'ils ont auſſi beſoin d'un moyen moins ſujet à ſe méprendre.

Ce n'eſt donc pas un moyen ſûr pour aprendre les véritez révélées dans la Sainte Ecriture, que le raiſonnement dont

dont l'évidence eſt ſi défectueuſe ; non plus que l'inſpiration particuliere qui eſt ſi ſuſpecte ; il eſt néceſſaire d'avoir une autre évidence , que notre penſée eſt conforme à l'Eſprit de Dieu. Que comme cet Eſprit nous inſtruit par l'Ecriture ſans obſcurité , ſans incertitude, ſans jamais varier ni changer , nous ayons auſſi une évidence de la conformité de nos penſées aux ſiennes qui ne ſoit point obſcure , ni ſujette aux doutes ; en un mot, qui ſoit infaillible & qui ne change jamais.

Je demande à préſent , n'aurions-nous pas cette évidence d'une maniére bien ſenſible, ſi Dieu, pour ſupléer au défaut de notre raiſon , ſi pour nous rendre certains de ſon inſpiration , il eut donné à ſon Egliſe le don de diſcerner ce qui eſt contre l'une ou l'autre. Ce ſeroit alors que l'Ecriture , priſe ſelon le diſcernement qu'en feroit l'Egliſe , ne contiendroit que des véritez très claires , ou plûtôt que ce qui y eſt révélé aux hommes ſi clairement leur paroîtroit ſans dificulté. Peut-on nier que ce moyen ne fut une évidence bien manifeſte de leur conformité à ſon Eſprit? S'il ne l'a pas fait, il ſeroit à ſouhaiter qu'il l'eut fait. Tous les hommes liroient dans l'Ecriture les mêmes véritez ; au lieu que ceux qui la liſent autrement, y liſent un nombre infini d'erreurs diférentes ; je ne puis pas m'empêcher de croire que Dieu ne l'ait ainſi ordonné comme le moyen le plus ſûr.

Car ſans cela, nous ne pouvons nous aſſurer que nous ayons une véritable connoiſſance de ce qu'il a révélé, mais, avec cette évidence de conformité, nous ſommes certains de notre Religion, nous en ſommes bien inſtruits, nous avons une véritable opinion des véritez qu'elle enſeigne; & c'eſt ce qui fait l'obligagation que nous avons de la ſavoir: Au lieu que quelques bien inſtruits dans leur Religion que ſoient ceux qui ſuivent une autre régle, ils ne ſont inſtruits de cette Régle, ils n'y ſont obligez que ſelon l'opinion qu'ils en ont conçûë par eux-mêmes, ou qu'ils ont reçûë de quelques autre,

De là vient que l'Auteur a une fauſſe opinion des Véritez de Religion ; lors qu'il prétend montrer l'obligation in-

indiſpenſable que nous avons de Penſer librement *ſur la nature d'un Etre Souverain auſſi-bien que de ſes Atributs; ſur la Vérité & l'Autorité des Livres eſtimez Sacrez; & ſur le ſens & l'explication des mêmes Livres*, pour en concevoir une véritable opinion par la ſeule évidence du raiſonnement, dont nous allons voir l'incertitude.

ARTICLE II.

La néceſſité d'avoir une véritable opinion nous oblige à une évidence de Conformité, qui n'eſt point ſûre par le ſeul raiſonnement.

LA conſéquence que l'Auteur tire de la néceſſité qu'il y a d'avoir une véritable opinion, répond bien mal à la Dignité & à l'importance du ſujet. La voici, la damnation auſſi-bien que le ſalut des hommes dépendent abſolument de l'opinion fauſſe ou véritable qu'ils ont ſur ces matiéres de Religion, ils ſont donc obligez de former des idées juſtes & véritables de ces grands ſujets & de les aprofondir *eux-mêmes*.

 Les

Les enfans sont dans cette obligation *eux-mêmes* ; les ignorans doivent le faire *eux-mêmes* ; il n'y a point de femmelette, ni de gens les plus grossiers qui puissent se dispenser de s'instruire *eux-mêmes* de la véritable opinion. En vérité si la Providence n'a pas pourvû à ces pauvres gens de quelque voye plus sûre, pour avoir une opinion conforme à celle que Dieu veut que nous ayons, sous peine de la damnation éternelle, ils sont dans un état bien à plaindre, puis que les plus habiles ne sauroient y réüssir *eux-mêmes*.

Ce n'est être guére persuadé de l'importance & de la nécessité de bien connoître Dieu & ses Ecritures, que d'inférer de là, l'obligation que nous avons de régler nous-mêmes la véritable opinion que nous en devons avoir. C'est cette même nécessité qui a obligé Dieu de faire de notre salut sa propre affaire, il lui a paru si important, qu'il a voulu régler lui-même l'opinion d'où il dépendoit. Dans cette vûë, il a inspiré les Prophetes, il a envoyé son Fils, qui a enseigné ses intentions, tant par lui-même, que par ses Apôtres, à qui il il en avoit donné la Charge. Il les a privilégiez du Don d'infaillibilité pour rendre sa Doctrine plus certaine. Ils l'ont expliquée de bouche & par écrit. Dans ces tems-là les Chrétiens ne concluoient pas qu'ils étoient obligez eux-mêmes de régler la véritable opinion qu'ils devoient avoir; parce que c'étoit une afaire de la derniére importance. Au contraire, parce que cette afaire étoit si importante, ils croyoient aux Apôtres afin d'être plus assurez que leur opinion étoit conforme à celle de Jésus Christ. Mais après ces bien-heureux tems, les uns ont voulu raisonner; les autres se sont crûs inspirez & ont expliqué les paroles du Maître aussi-bien que des Disciples. Ils n'ont pû convenir par ces moyens. Voila donc l'Evangile & les Prophetes devenus comme inutiles: J'ose le dire, la décente du Fils de Dieu renduë vaine, la véritable Doctrine, tant de son Pére, que de lui, abolie. A moins que le même pouvoir que Jésus Christ a donné à ses Apôtres, il ne l'ait donné à son Eglise: à moins qu'ils n'ayent eu des Successeurs avec le même Don d'infaillibilité; enſorte que le même Eſprit qui dirigeoit les premiers, dirige les ſeconds; d'une maniére que tous en Corps ne puiſſent enſeigner que les véritez que lui-même a enſeignées; & que le commun accord des Fidèles dans la même Creance que les Conducteurs de l'Egliſe ont avec eux, ne ſoit un éfet évident que la Doctrine des uns auſſi bien que des autres eſt conforme à celle des Apôtres. A moins de cela, dis-je, je ne vois point qu'on puiſſe avoir une évidence infaillible qu'il y ait dans le monde une Doctrine conforme à celle du Fils de Dieu.

Comment ceux, qui prétendent le contraire, ont-ils eux-mêmes une véritable opinion de Dieu & des trois Perſonnes Divines, de la Divinité de Jéſus Chriſt, & du véritable ſens des Ecritures ſur ces ſujets comme ſur pluſieurs autres? Eſt-ce par leur raiſonnement? Eſt-ce par leur inſpiration? neſt-ce pas par la voye précédente, qu'on ſuivoit dans la primitive Egliſe, qu'ils ſont venus à cette connoiſſance. Car je poſe en fait, que s'ils ne ſe fuſſent ſervis que de leur raiſon, dans la

lec-

lecture de Nouveau Testament, & qu'ils n'eussent suivi que leur propre mouvement, qu'on est sujet à prendre pour inspiration, ils n'en auroient pas cette véritable opinion qu'ils en ont eu par ce moyen : sans ce moyen ils n'auroient pû convenir sur ces Points comme ils ne le peuvent faire sur les autres, dès le moment qu'ils quitent cette voye. Tout ce dont ils auroient été capables, tant par raisonnement que par inspiration Divine, est qu'en lisant les Ecrits des Apôtres, ils y auroient reconnu, par tout ce que Jésus Christ leur à dit, & par ce qu'ils ont dit d'eux-mêmes & du Gouvernement de l'Eglise, cet Esprit d'infaillibilité dont il l'a favorisée. Instruits de l'Autorité & du Pouvoir dont il est parlé en tant d'endroits, ils se seroient adressez à cette même Eglise pour aprendre d'elle la Doctrine de Jésus Christ qui lui en a donné la Clef; sans quoi, ils n'auroient pû avoir aucune évidence d'y être conforme.

Qu'est-ce que le plus grand Philosophe, & l'Homme le plus versé dans la Jurisprudence, pourroient faire au-

 tre

tre chose, en lisant les Loix d'un Païs dont ils voudroient avoir une juste connoissance. Tout le raisonnement de l'un & tout le savoir de l'autre sufiroient-ils pour résoudre toutes les dificultez qui peuvent survenir, ne s'adresseroient-ils pas aux Juges & aux Dispensateurs de ces mêmes Loix pour savoir l'intention du Législateur ; Que si on leur disoit que dans les afaires les plus importantes, chacun doit être son propre juge, ne concluëroient-ils pas qu'il n'y auroit aucune obligation de savoir des Loix à la sûreté desquelles on auroit si mal pourvû.

A plus forte raison, est-il plus juste d'inférer de l'importance des véritez de Religion, que Dieu lui-même ne s'est pas fié à un chacun & qu'il n'a pas voulu qu'un chacun se crût lui-même, mais qu'il a donné un moyen plus évident pour en avoir une juste idée, moyen bien plus certain, que d'y penser avec liberté: puis que nos Pensées sont quelque fois si épaises que nous ne sommes pas capables de faire aucun discernement sur le fait de la Religion. Quoi qu'en dise le Défenseur de la Liberté,

berté, on pouroit bien avancer, qu'il y a telles personnes qui sont fort éclairées sur d'autres matiéres, & sont cependant des animaux si dépourvûs de sens en matiére de Religion, que sans l'Esprit infaillible de l'Eglise ils n'auroient pas la connoissance de plusieurs articles dont ils ont une véritable opinion, & qu'ils ne tombent dans des erreurs grossiéres sur d'autres que parce qu'ils le rejettent. Il n'y a pas même de Sectaire ni de forts Esprits, tous fondez que les uns soient sur leur inspiration particuliére, les autres sur leur obligation de Penser avec Liberté, qui ne se régle sur ce qu'il a plû aux autres de leur prescrire ou de leur suggérer.

C'est se moquer d'apeller une créance de hazard, celle qui n'a pas pour principe la Liberté de Penser ou de se croire illuminé. Celui qui croit ce que ses Parens ou les Prestres lui ont enseigné, ne croit pas plus par hazard, qu'un jeune étourdi, qu'une femme capricieuse, qu'un Artisan ignorant, ni même que les Forts Esprits qui consultent leurs seules lumiéres. Ce sera le plus grand ha-

hazard du monde, pour ne pas dire une impoſſibilité, s'ils aprochent de la vérité du ſujet qu'ils penſent. Je veux que ce ſoit un hazard d'être né dans une Religion; mais ſi ce hazard eſt ſecondé de l'évidence, que notre opinion eſt conforme à l'Eſprit de Dieu, qui pour ſupléer à notre foibleſſe, nous en donne un témoignage dans la voix publique qui a été entenduë de tout tems, & a toûjours été la même, cet hazard ne vaut-il pas mieux qu'une foi raiſonnée & prétenduë. Mais le hazard de celui qui veut aprofondir lui-même la vérité n'eſt point ſuivi d'un pareil bonheur. Il n'eſt ſuivi que d'une évidence de raiſonnement qui peut être faux, & on ne peut montrer qu'il ſoit acompagné de l'évidence du St. Eſprit, donc ceux d'une créance contraire ſe flatent auſſi par la préſomption & le penchant que tout homme a de croire ſes propres penſées, auſſi-bien que ſa propre ſainteté, quelques faux que l'un & l'autre puiſſe être.

Qu'ils faſſent tout ce qu'ils voudront, qu'ils employent tous les éforts dont ils ſeront capables, ils ne verront jamais

mais aſſez clair, pour n'avoir aucun doute, à moins qu'ils ne connoiſſent évidemment que les véritez qu'ils croyent ſont apuyées ſur un moyen, dont l'évidence ſoit très certaine, parce qu'il eſt divinement établi. Qu'on ne diſe donc point que c'eſt rendre les hommes des Animaux dépourvûs d'eſprit & de bon ſens que de leur ôter l'évidence du raiſonnement ; ce n'eſt point leur ôter, puis qu'il y en a qui éfectivement n'en ſont pas capables ; que les Perſonnes qui ont le plus d'Eſprit ont tant de bizarerie, d'entêtement, de vanité, & ſi peu de ſoûmiſſion à cet Eſprit ſurnaturel qui fait comprendre les Véritez divines, qu'il n'y a point de fond à faire ſur ce qu'ils apellent évidence.

Il n'y a pas plus de raiſon de dire, que c'eſt ſoûmettre les hommes à la raiſon, & comme diſent d'autres à la Foi d'autrui. Ce ſeroit les y ſoûmettre, ſi on les aſſujettiſſoit au ſentiment ou à l'inſpiration de quelque particulier, comme font ceux de diférentes Sectes ; mais eſt-ce ſe ſoûmettre à autrui, que de ne s'atacher au raiſonnement

ment ni à l'inſpiration d'aucune Perſonne, dont l'opinion n'a point une évidence de conformité ? n'eſt-ce pas plûtôt régler la Raiſon & ſa Foi ſelon l'Eſprit de Dieu, qui régle la Raiſon & la Foi tant de ceux qui ſont enſeignez que de ceux qui enſeignent. La Raiſon & la Foi des ſeconds ne réglent point les premiers. Pour être conformes à cet Eſprit ils doivent être les uns & les autres gouvernez par lui, & la Créance commune d'un tel gouvernement eſt l'unique évidence qu'il ſoit poſſible d'avoir dans le monde d'une véritable opinion.

On voit par là que les hommes ſont plus obligez que jamais de connoître les importantes véritez de la Religion. C'eſt une néceſſité d'en avoir une opinion véritable ; mais cette néceſſité ne les engage qu'à prendre un moyen auſſi aiſé qu'infaillible. Puis que de tous les moyens il n'y en a point qui puiſſe réüſſir, qu'une Créance univerſelle qui ſoit la Régle de tout le monde, de quelque condition, de quelque âge, de quelque humeur & de quelque capacité qu'ils puiſſent être ; ſans laquelle c'eſt c'eſt une néceſſité, que ceux qui ne la ſuivent point, tombent dans diférentes fauſſes opinions comme ils ont fait & feront toûjours. Cette même néceſſité ne nous réduit-elle pas à un point de croire, que c'eſt le moyen dont Jéſus Chriſt ſe ſert pour donner aux hommes une véritable opinion de ſa Doctrine, & que c'eſt en avoir une fauſſe idée & en détruire l'obligation, d'avancer que le ſeul moyen de la connoître eſt d'y Penſer avec Liberté, dont vous allez voir le contraire.

ARTICLE III.

Nous ne ſommes obligez, pour ſatisfaire à la Volonté de Dieu, qu'à une véritable opinion qui ait l'évidence de Conformité.

UNe Vérité de Religion (car il ne s'agit pas ici d'aucune autre) ne conſiſte pas dans l'opinion que nous en avons; mais dans celle que Dieu veut que nous ayons. Notre aprobation n'en fait point la vérité. Ce ſeroit ſoûmettre la Sageſſe Divine à la notre, &

& noûs rendre maîtres de la Volonté de Dieu, à qui apartient de régler le sentiment que nous devons avoir. Que si la conformité de notre pensée à sa volonté rend notre opinion véritable, c'est l'évidence de cette conformité qui fait toute l'obligation que nous avons de nous y atacher, & non pas l'éxamen que nous en avons fait avec Liberté.

Ce n'est donc pas la Liberté que nous avons d'éxaminer une opinion, qui nous y oblige; puis que sa Vérité ne dépend point de notre pensée: Mais notre obligation est fondée sur la bonté, aussi-bien que sur la sagesse de Dieu, qui, dans le dessein que les hommes ne manquent point à connoître la Verité, veut que nous suivions une voye plus sûre que nos pensées; afin de distinguer évidemment l'opinion qui est conforme à sa volonté, de celle qui ne l'est pas.

C'est pour cela que le raisonnement de la Liberté est contraire à soi-même. Car celui qui s'atribuë le pouvoir de pénétrer dans les intentions de Dieu, à force de Penser; qui prétend éxa-

éxaminer la vérité de sa Doctrine ; qui se croit capable d'en avoir une connoissance certaine ; & de conformer ses pensées aux siennes, parce qu'il fait tout ce qu'il peut pour en venir à bout, celui-là, dis-je, ne satisfait point à sa volonté. C'est un téméraire qui expose les Véritez Divines au caprice, & à l'incertitude de ses opinions, & qui s'opose à la volonté de Dieu. Ce n'est pas assez de faire tout ce qui est en soi, pour connoître la vérité, lors qu'il y a hors de soi un moyen plus sûr pour la connoître ; lors que Dieu nous montre cette Vérité dans l'opinion qu'il veut que tous les hommes ayent. La Vérité ne peut dépendre des lumiéres d'un Particulier, dont on n'est pas obligé de suivre l'opinion & qu'il n'est pas obligé de suivre lui-même : Parce que l'Esprit de Dieu qui est un Esprit de vérité que tout le monde doit croire n'est pas ataché à la pensée d'un chacun Dieu n'a point promis le St. Esprit à un chacun pour suivre la sienne propre, mais celle de son Fils qui a établi une Doctrine commune à tous.

Celui-là ſeul ſatisfait à la volonté de Dieu, qui ſuit une opinion fondée ſur l'évidence, qu'elle a de ſa conformité à un ſentiment commun. La Liberté de Penſer ne donne point cette évidence; *puiſque s'il arrivoit*, dit notre Auteur, *qu'un homme après avoir fait tous ſes éforts pour connoître la vérité, eut des opinions erronées, il ne laiſſeroit pas d'être auſſi agréable à Dieu, que ſi elles étoient véritables, parce qu'il ne l'oblige pas à davantage qu'à Penſer avec Liberté.* Voila à quoi la Liberté de Penſer expoſe la Volonté de Dieu, s'il eſt vrai, qu'il veuille que nous préférions l'opinion, que nous avons éxaminée Librement, à une autre fondée ſur le jugement d'une Autorité Divine, ſur l'aprobation de tout un Corps divinement inſpiré & ſur une créance apuyée ſur un fondement inébranlable. Qu'on employe tous les éforts imaginables pour connoître la Volonté de Dieu, dans les choſes qu'il ordonne de croire : qu'on éprouve tous les moyens poſſibles pour convenir de la Doctrine que Jéſus Chriſt a eu intention de nous enſeigner, on n'y réüſſira

ſira jamais ſelon ſon propre jugement. Chacun aura ſon opinion. Il ne reſte que cette ſeule voye, dont je viens de faire mention, pour connoître la vérité.

En éfet, un Eſprit ne ſeroit-il pas bien fort dont l'opinion auroit un ſi bon fondement ; il ne ſeroit pas ſujet aux erreurs de cet autre qui ſe fait fort de ſatisfaire Dieu de ſes propres penſées, & que l'Auteur juſtifie d'une maniére à faire trembler, avec l'aprobation d'un bon Chrétien, & d'un bon Proteſtant, comme lui ; mais dont les paroles ſont trop ſcandaleuſes pour mériter une place ici. Elles font voir, juſques où va la Liberté de Penſer en matiére de Chriſtianiſme & de Religion. Ce n'eſt pas tout,

Pour bien ſavoir en quoi conſiſte l'obligation d'une opinion, il eſt bon de voir en quoi conſiſte le mal de celle que nous devons rejetter. Le Défenſeur de la Liberté, ne manque pas de l'atribuer au défaut de penſer ; comme ſi toutes ſes fauſſes opinions auſſi-bien que celles de tous ſes ſemblables euſſent été inventées en dormant ;

& que ce ne fût pas à force d'avoir mis leurs pensées à la gêne, qu'ils ont enfanté de leur imagination un nombre infini de faussetez. Autant de fausses opinions, qu'ils se sont donné la Liberté de Penser, sont autant de témoignages contre l'obligation de cette Liberté. C'est une preuve évidente que Dieu nous a obligé à un moyen plus excellent & plus assûré que cette pernicieuse Liberté.

Après cela, que l'Auteur reproche le défaut de Penser, à ceux qui ont recours à l'évidence de conformité, ce qu'il apelle croire sur la foi de ses Parens ; il ne prouve rien à son sujet. J'ai déja assez fait connoître que croire sur cette évidence n'est point croire sur la Foi d'autrui ; je ne laisserai pas d'ajoûter que croire sur la Foi de ses Parens sans avoir une évidence de conformité, c'est une stupidité & une opiniâtreté insuportable, mais vouloir abandonner la foi de ses Parens, pour suivre la sienne propre, sur la seule évidence de son raisonnement particulier, c'est une Liberté très criminelle Il n'y a point de gens si stupides, qu

ne

ne ſachent par leur Catéchiſme ; ou qui n'ayent entendu les raiſons pourquoi ils croyent ; l'évidence de conſormité en peut ſournir une des plus ſortes & des plus ſenſibles. Quelque groſſier qu'on ſoit on peut rendre raiſon de ſa foi par ce ſeul moyen ; ſans quoi, ceux qui ſe rendent les propres juges de leur Foi ne peuvent rendre raiſon que de celle qui eſt conforme à leur idée, ſans être aſſurez qu'elle ſoit conforme à celle de Jéſus Chriſt. Pour les Forts Eſprits ils ne ſauroient rendre raiſon de la leur ; puiſqu'ils n'en ont aucun de certain. Où ſont leurs Articles de Foi ? c'eſt ce qu'ils n'oſeroient publier. Il faut les recueillir ſoi-même de leurs Ouvrages. Leur Catéchiſme eſt leur propre jugement ; changent-ils de penſées, ils changent de Catéchiſme : Tous Catéchiſmes ſont auſſi bons les uns que les autres, lors que la Liberté de Penſer en fait une obligation. Faux ou véritable, c'eſt tout un à l'Eſprit libre ; il n'y a point de Religion, qu'il n'ait la liberté d'embraſſer auſſi-bien que de juſtifier. Et il n'y a point de ſi certaine, ni de ſi infaillible, qu'il n'ait la mê-

même Liberté de rejetter. C'eſt en ce-la qu'il fait conſiſter toute ſon obliga-tion.

ARTICLE IV.

L'unique reméde à la ſuperſtition ne peu[t] venir que d'une Evidence de Conformi-té plus ſûre que celle qui réſulte de l[a] Liberté de nos Penſées.

IL n'y a rien de plus vrai, que la Li-berté de Penſer eſt l'unique reméd[e] au plus grand de tous les maux, qu[i] eſt la ſuperſtition ; pourvû que la ſu-perſtition ſoit priſe ſelon le ſens d[e] l'Auteur. Car ſelon lui, croire tou[t] ce qui eſt contraire à ſes penſées qu[i] ſont les Articles de ſa Foi, eſt ſuper-ſtition. C'eſt ſuperſtition de ſe repré-ſenter *Dieu autrement que comme un Etr[e] bon & juſte, mais de la juſtice duque[l] on ne peut avoir de juſtes craintes.* Croi-re que *de certaines matiéres de ſpéculation comme la Doctrine que les uns & les au-tres croyent touchant le Corps & le San[g] de Jeſus Chriſt pris dans le Sacrement puiſſent être agréable à Dieu à la réſerv[e] d[e] de celle de l'Eglise Anglicane*, (dont il s'eſt moqué ci-devant.) Craindre *la damnation éternelle pour des riens, pour de ſemblables queſtions ſpéculatives. N'eſtimer pas ſufiſant la raiſon & la probité, comme ſi on avoit acompli la Loi & les Prophétes. Penſer de Dieu qu'il demande autre choſe de nous, dans quelque condition que nous ſoyons, que la connoiſſance des choſes, de l'évidence deſquelles nous pouvons nous convaincre par notre propre raiſon.* Voila ce qu'il apelle ſuperſtition. Il faut avouer qu'il n'y a qu'une terrible force d'eſprit qui puiſſe guerir d'une ſuperſtition pareille, & par ce moyen poſſéder ſon ame en paix ſans crainte d'une miſére future. Mais cette fauſſe tranquilité, avec des ſentimens ſi contraires à la Religion Chrétienne eſt trop dangereuſe, pour croire qu'elle ait aucune évidence de conformité à l'Eſprit de Dieu.

Ne peut-on pas croire avec plus d'évidence qu'une ſi grande Liberté eſt une véritable ſuperſtition? En éfet, n'eſt-ce pas une ſuperſtition d'eſprit tout à fait vaine & ridicule que d'être l'adorateur de ſes propres ſentimens; de faire

faire son idole de son Opinion ; de croire à sa raison comme à sa Divinité; de déférer si religieusement à son sens particulier ; de n'avoir pour Oracles que ses seules pensées , & d'en faire toute sa Religion. Quelle plus grande superstition , que de fonder des Véritez divines & toute l'importance de son salut sur des moyens aussi foibles & aussi incertains, que la raison & la probité dont chacun se flate ; de présumer égaler sa pensée à la pensée d'un esprit infiniment sage, sans aucune évidence de sa part, mais sur la seule qu'on peut avoir de son côté; de se reposer sur les éforts de son esprit, au risque d'une opinion erronée, dont on rejette la faute sur Dieu même, pour ne nous avoir pas donné le moyen infaillible d'en avoir une véritable ? N'est-ce point être superstitieux au dernier degré, d'aimer plûtôt errer en particulier que de croire que Dieu ait établi une créance commune pour nous redresser, & de condamner ceux qui, outre l'évidence du raisonnement, demandent encore cette évidence de conformité: lors que la Raison même nous

dic.

diɑe que la derniére eſt néceſſaire & la plus ſûre dans un ſujet auſſi élevé & auſſi important que celui du ſalut.

Qui voudroit ſe guérir de toutes ces véritables ſuperſtitions, peut-il trouver un remède plus infaillible que l'évidence de conformité qui en découvre toute l'horreur. Ce ſont-là cependant les ſuperſtitions des Forts Eſprits qui citent leur Liberté comme un remède unique pour guérir les Eſprits ſuperſtitieux, ſans s'apercevoir qu'elle les jette eux-mêmes dans la plus dangereuſe des ſuperſtitions.

Mais ce qui paroît le plus étrange eſt, que celui qui enſeigne un ſi bon remède pour guérir de ſuperſtition les gens craignant Dieu, les perſonnes qui ne ſouſcrivent point aux Articles de Foi des Forts Eſprits, ne peut le faire qu'en ôtant aux premiers la Liberté qu'ils ont de Penſer. Pourquoi leur ôter la Liberté de Penſer, qu'une Raiſon ſoûmiſe à une évidence infaillible, eſt préférable à une qui eſt incertaine? que s'il leur accorde cette Liberté, voila ſon remede qui opere contre lui-même & qui pourroit le gué-

guérir s'il n'étoit pas incurable. Je ne puis m'empêcher d'admirer les diférentes vertus de ce reméde qui produit des éfets si contraires. Quelqu'un veut-il suivre une Doctrine rejettée par l'Eglise Anglicane, qui par ses Loix lui en ôte la Liberté, notre fort Esprit devenu Anglican le traite de superstitieux? Que si le même renonce à la Liberté de Penser pour se soûmettre à la même Doctrine établie par les Loix, notre Anglican devenu fort Esprit, assure une autre fois que par le moyen de sa Liberté il peut le guérir de la superstition qu'il y a à la suivre & dont il la taxe en plusieurs endroits. Qui pouroit s'empêcher, en cette occasion, de recourir à l'évidence de conformité pour savoir distinguer ce qui est superstition de ce qui ne l'est pas. Et qui ne voit que les secrets, que notre Auteur attribuë à sa Liberté, lui donnent rang parmi les Charlatans, comme les tours qu'elle lui a fait faire lui ont déja mérité le nom de Bateleur.

Remédions à présent aux éfets de la superstition, comme sont les scrupules,

pules, les doutes, les frayeurs, & les inquiétudes ordinaires aux véritables superstitieux qui se forment une fausse idée de la Divinité. Pour les guérir, à quoi bon offrir la Liberté de Penser? Puis que c'est une fausse idée de la Divinité qui produit tous ces éfets, il faut savoir auparavant, s'il y a une créance parmi les Chrétiens qui en soit la cause. Y a-t-il quelques Religions, quelques Eglises, qui, dans leur Confession de Foi, donnent une idée de Dieu telle que l'Auteur la représente dans un superstitieux. Qui sont celles qui rendent les Peuples incapables de croire que Dieu est parfaitement bon, & qui enseignent qu'il éxige des choses qu'on est obligé de croire, sans aucune évidence que c'est lui qui les a éfectivement imposées? Lit-on dans leurs Articles de Foi, que c'est un Dieu partial en faveur des uns, & impitoyable à l'égard des autres, sans faire nulle attention à leurs mérites. En trouve-t-on qui donnent une si grande terreur de sa justice, que c'est assez pour souhaiter qu'il n'y ait point de Dieu? Où sont ces Eglises qui persuadent de

né-

négliger la voix de Dieu qui s'explique si clairement à tout le monde, pour y préférer les visions d'un certain petit nombre de personnes. Enfin, y en a-t-il, qui mettent les Cérémonies au rang des principaux points de leur Créance, & non pas au nombre de leurs Rubriques, ou qui en fassent une même obligation? Je ne connois point parmi les Chrétiens de Religion qui donne aux Hommes une si fausse idée de la Divinité, à moins que ce ne soit celle de ceux qui participent de l'Esprit fort ou de l'antousiasme, & le remede de la Liberté n'est point nécessaire ici, où il ne feroit qu'irriter le mal.

Que s'il y a quelques esprits tourmentez de frayeurs sur la fausse idée qu'ils se font d'un Dieu. Ce reméde seroit bien pire que la maladie qu'on voudroit guérir. La raison que Dieu nous a donnée est d'un excellent usage tant qu'elle se contient dans sa Sphére; qu'elle est soûmise aux Loix que Dieu lui a prescrites; qu'elle sait discerner ce qu'elle peut & ce qu'elle ne peut pas; lors qu'elle reconnoît sa dé-

pendance

pendance d'une Raiſon Supérieure & univerſelle, pour comprendre ce qui eſt divin & au deſſus de ſes forces: cette Raiſon, dis-je, eſt la voix qui s'explique clairement à tous les hommes. Et l'évidence de conformité n'eſt proprement que cette voix à laquelle le Saint Eſprit donne une nouvelle force, quand il s'agit de la Doctrine de notre Salut; ſans cette évidence on n'eſt obligé à aucune Opinion.

Mais quoi? une Raiſon qui paſſe les bornes de ſa capacité; qui ne reconnoît point de Loix déterminées par la volonté de Dieu; qui réſiſte à toute autre évidence qu'à celle dont elle eſt capable: Une Raiſon d'indépendance, préſomptueuſe, idolatre de ſes propres lumiéres, peut-elle prétendre être la Voix de Dieu & de ſon Divin Eſprit qui s'explique clairement à tout le monde? Il n'y a rien qui ſoit plus opoſé à la voix de Dieu; qui ferme plus la porte du cœur à cette voix, qui ſoit plus propre à aveugler tout le monde. Ce n'eſt point-là la voye de tout le Genre humain, ce n'eſt pas la raiſon dont Dieu a doué tous les hommes; dont il il se sert pour leur expliquer évidemment & infailliblement les véritez importantes & toutes Célestes de sa Loi. C'est la voix d'une Raison de la façon de l'homme; d'une Raison particuliére. C'est la voix encore un coup d'un certain petit nombre d'Esprits forts & entêtez, qui lors qu'ils traitent de superstition ce qui est contraire à cet esprit particulier, voudroient nous inspirer une Liberté, d'où tous les doutes & les craintes coulent de source.

Ce qui nous fait bien voir qu'une fausse raison a ses visions aussi-bien que le Fanatisme. Car comment avoir une si haute Opinion de la Liberté de Penser, qui est plus propre à porter un chacun à suivre superstitieusement ses pensées, & à susciter tous les jours aux Peuples de nouveaux sujets de frayeurs & d'inquiétudes, qu'à les rassurer dans une Doctrine bien certaine? N'est-ce pas là une pure vision! une raison infatuée, & qui croit ses rêveries comme des Oracles? N'est-ce pas assez pour conclure, que sans l'évidence de conformité, on est exposé à toutes ces foiblesses d'esprit, & que l'Aul'Auteur n'eſt qu'un Viſionnaire qui ſe fait une obligation de ſon imaginaire Liberté.

ARTICLE V.

Le grand nombre de ceux, qui ſe piquent de Révélation, nous oblige indiſpenſablement à une Evidence de Conformité, qu'on ne puiſſe contrefaire comme font ceux qui ſe piquent de Penſer avec Liberté.

ON ne pouvoit mieux reüſſir, pour obliger les hommes à l'évidence de conformité, qu'a fait l'Auteur, lors qu'il leur fait une obligation de Penſer librement, à cauſe du grand nombre de ceux qui ſe piquent de Révélation. C'eſt à dire en bon François; que la Révélation doit céder à *la Liberté de Penſer*. Que c'eſt par ſon moyen qu'on prétend révéler quelle eſt la véritable Religion & enſeigner même à diſtinguer Jéſus Chriſt d'avec tous les Impoſteurs. Mais pour en venir à bout, il ne faut pas ſupoſer que Jéſus Chriſt ſoit le Fils de Dieu, ni ſa ſa Doctrine véritable, on doit bien y penſer auparavant, éxaminer librement ſi ſes miracles ne ſont pas des impoſtures, ſans avoir égard aux témoignages de nos Péres, ou *de notre Grande Mére*. Cela répugne à la Liberté de Penſer qui ne veut pas croire ſur le raport d'autrui. Un Chrétien doit prendre garde de croire à Jéſus Chriſt ſur ſa parole, il eſt obligé de conſidérer, ſi ſa Doctrine eſt conforme à ſa raiſon ou à ce qui penſe. De quelque condition qu'il ſoit, il eſt dangereux pour lui de riſquer ſur la Foi, il faut qu'il ſache & non pas qu'il croye. Ce ſeroit contre le privilege de la Liberté de croire ce qui eſt écrit, ſelon le jugement de ceux, par qui l'Eſprit de Vérité a toûjours parlé, il eſt néceſſaire que chacun s'éclairciſſe des Ecritures, non pas pour y trouver les véritez univerſellement reçûës, mais les opinions qui lui plaiſent davantage. Il ne ſufit point à un Fort Eſprit d'être né Chrétien, il eſt dans l'obligation de ſe prouver à lui-même le Chriſtianiſme; il doit ſe propoſer les argumens dont les plus habiles parmi les Chré-

tiens

tiens ou d'entre les infidèles, soit Turcs, soit Payens, pouroient se défendre les uns contre les autres; afin de tirer de cette Controverse mentale quelque évidence de sa Religion. Et tout ce que sa raison aprouvera ou desaprouvera, faux ou vrai, est sufisant pour tranquiliser tous ses doutes.

A Dieu ne plaise qu'une pareille Evidence soit nécessaire pour discerner les prétendues Révélations de celles de Jésus Christ, ou sa Doctrine de celle des Imposteurs. Hélas, où en serions-nous! si Dieu ne nous avoit pas donné d'autre moyen que la Liberté de Penser pour faire ce discernement. Quel malheur, que la Religion dépendît d'un discernement si incertain! Que nous serions à plaindre, si la dispensation de l'Evangile ne se faisoit pas par quelque voye plus sûre? Notre Religion n'auroit aucun Privilége par dessus toutes les autres. Quel abus de croire que l'Esprit de Dieu fût soûmis à la bisarrerie & aux fausses Révélations d'un Esprit particulier, comme les Chefs des fausses Religions ont fait acroire que le leur en étoit éclairé. Si ce que

Dieu a révélé étoit soûmis à ce que nous apelons évidence, chacun suivroit ce que sa raison & son penchant (qui est à peu près la même chose) lui en révéleroit. Au lieu qu'il n'y a qu'un petit nombre de gens qui se piquent de Révélation, tout le monde s'en piqueroit. Il y auroit une confusion de Prophetes d'une nouvelle fabrique, qui communiqueroient leurs Pensées comme autant de Révelations, & leurs imaginations comme autant de Propheties.

N'est-ce pas ce qui est arrivé, lors que quelqu'un s'est piqué de raison ou d'inspiration? Sa Liberté a donné à ses Disciples occasion de l'imiter. De Disciples de la Pensée d'un autre, ils sont devenus Maîtres de leurs propres Pensées pour avoir à leur tour des Sectateurs. Cette multiplication de diférens Chefs ne pouvoit que donner de l'horreur au premier Auteur à la vûë d'une diformité si éfroyable. Quel moyen de remédier à un si grand desordre? Que la Liberté de Penser intervienne pour réünir ces faux Prophetes & les ramener à la vérité. Qu'un Esprit fort use

de

de toutes ſes lumiéres pour rompre le cours de ce torrent d'opinions, le pourroit-il par ce moyen qui en a été la cauſe ? La confuſion en deviendroit encore plus grande. Jamais on ne verroit la fin de ceux qui contreferoient la vérité, par de fauſſes évidences de conformité; à moins qu'elle ne nous ouvrit les yeux pour reconnoître par cette expérience que Dieu ne veut pas que nous entendions ſelon notre mouvement particulier, ce qu'il nous a révélé dans ſes Ecritures. Et le ſeul parti, qui pourroit nous tirer de cet embaras, ſeroit de nous ſoûmettre à une Créance commune, dirigée par le Saint Eſprit, par laquelle nous aurions une évidence certaine quelle Doctrine eſt conforme à celle de Jéſus Chriſt. Evidence qui ſeroit l'unique moyen pour diſcerner l'impoſture d'avec la Révélation. C'eſt ce que ne peut faire notre Prophete d'une nouvelle eſpéce, lequel, pendant qu'il met ſur le tapis ceux qui ſe piquent de révélations, nous fait une obligation de ſa Liberté de Penſer, qui a été l'origine de toutes leurs rêveries comme elle l'eſt des ſiennes.

ARTICLE VI.

Le dessein de la Propagation de la Foi, parmi les Infidèles, supose une véritable évidence de conformité, qui les oblige à se convertir, & que la Liberté de Penser ne sauroit donner.

VOuloir convertir un Infidèle, en l'obligeant seulement à Penser librement à la Doctrine qu'on lui propose, c'est être bien peu versé dans la Science d'un Jésus Crucifié dont la seule idée choque la pensée d'un Grec, c'est à dire, d'un Esprit fort, à qui elle paroît une folie. C'est n'entendre guére la vertu de la Prédication de l'Evangile, que d'assurer comme fait l'Auteur, que la Propagation de la Foi n'a point d'autre vûë, que d'étendre de plus en plus la Liberté de Penser. Planter la Foi signifie plus qu'établir une Liberté de Pensée. La Pensée, en matiére de Foi, n'a tout au plus que la Liberté d'examiner, de confronter deux Religions ensemble en tout ce qui dépend du raisonnement nément humain. Il est du devoir de celui qui anonce l'Evangile, de la proposer avec toute l'évidence dont il est capable, & celui qui l'écoute doit faire tout ce qui est en soi pour en connoître la vérité, comme les Juifs de *Berée* qui éxaminoient tous les jours les Ecritures pour voir si ce qu'on leur disoit étoit vrai. Mais qui achévera l'Oeuvre de la Foi, *cette Oeuvre que*, comme il est écrit, *vous*, *ni aucun Infidèle*, *ne croirez si on vous la recite?* Sera-ce l'évidence des raisonnemens du Missionnaire, ou de ceux de l'Infidèle. Ne faut-il pas que l'Ouvrier d'une si grande Oeuvre soit non seulement doué de la Raison, mais encore d'une vertu pour faire connoître l'évidence des Véritez qu'il prêche. De cette Vertu, dis-je, dont il est parlé, *Vous recevrez la Vertu du Saint Esprit & me serez témoins.* Mais vertu dont il n'auroit pas besoin, si le don de Penser avec Liberté sufisoit pour en rendre témoignage. On ne peut pas dire non plus que le Don de Penser avec Liberté soit un Don du Saint Esprit, qui ne peut inspirer que la véritable Doctrine que Jé-

Jésus Christ a établie pour être la Créance que tout le monde doit avoir ; or la Créance que la Liberté de Penser est capable de produire n'est point la régle des autres, cela répugne à leur Liberté, par conséquent le Don de la Foi ne dépend point seulement de la pensée de l'Infidèle, mais encore de la vertu que le Missionnaire reçoit du Saint Esprit pour soûmettre son Prosélite au témoignage qu'il rend à la Créance des Chrétiens, & le convaincre qu'elle est évidemment conforme à celle de Jésus Christ, & qu'il est obligé de la recevoir sur cette évidence.

D'un autre côté, ne faut-il pas aux Infidèles une lumiére d'enhaut, qui les apelle à être convaincus du témoignage qui leur est aporté au nom du Seigneur ? Ils ne peuvent être persuadez de recevoir le Batême qu'en son Nom, aussi-bien que par l'évidence que cette lumiére du monde fait naître dans leurs Esprits, que le témoignage public qu'on rend de la Doctrine est véritable : De même qu'après que Saint Philippe eut expliqué à l'Eunuque

que la Doctrine du Messie, il lui demanda avant de le batiser s'il avoit une évidence pour croire, que ce qu'il lui anonçoit de Jésus étoit conforme à la Vérité, *si vous croyez.*

En éfet, la Lumiére que l'Infidèle reçoit, ne lui inspirera pas les sentimens particuliers de celui qui fait la fonction de Missionnaire ; s'il prêche une fausse Doctrine, le Saint Esprit ne peut pas aider le premier à une fausse conversion. Il ne l'éclairera qu'entant que la Doctrine que l'autre lui explique est celle de l'Evangile; dont il ne sera pas même instruit si on l'abandonne à son propre raisonnement ou à son inspiration particuliére. Ce ne sera pas assez de lui dire lisez l'Evangile, croyez-y selon que votre raison vous dictera, éxaminez-la avec liberté, voila toute votre obligation. Il n'y a nulle aparence qu'il en eût une véritable Opinion sur plusieurs points, sur lesquels l'Auteur assûre qu'on doit Penser avec Liberté, & dont il n'auroit jamais connu lui-même la vérité, par cette voye, s'il ne s'étoit, en cette occasion, rendu à une au-

autre évidence de conformité. Les Infidèles ont donc encore beſoin, outre leur inſpiration intérieure, d'une perſonne qui leur explique l'Evangile conformément à la Créance que Jéſus-Chriſt veut que tous les hommes ayent, & ce ſera à cette évidence de conformité que le Saint Eſprit l'inſpirera de ſe rendre; n'en avons-nous pas pluſieurs éxemples en la perſonne de ceux qui ont été véritablement inſpirez? Le même Eſprit ne les a-t-il pas ſouvent adreſſez à quelqu'autre, dont il leur avoit commandé d'écouter le témoignage.

C'eſt ſur le même pié que la Propagation de la Foi ſe doit faire. Si elle ne ſe fait pas par des voyes ſi éclatantes, ni ſi miraculeuſes que faiſoient les Apôtres. On n'y peut réüſſir qu'à la faveur du même Eſprit, dont ils étoient animez, & qui les autoriſoit à rendre témoignage à la Doctrine de Jéſus Chriſt.

ARTICLE VII.

Continuation de la même Preuve tirée de la Distinction, que l'Evidence de Conformité fait de la Véritable Religion d'avec toutes les autres.

CE qui distingue la Véritable Religion de toutes les autres, est que celles-ci n'ont point une évidence de témoignage. Elles ont beau se prévaloir que l'Esprit de Dieu leur rend un témoignage interieur, cet Esprit infaillible ne leur inspire qu'une Créance qui doit être celle de tous les Hommes. Et il ne peut leur en donner qu'un témoignage sur lequel ils puissent tous se régler. Or ils ne peuvent pas se régler les uns les autres sur leur témoignage interieur ; ou sur l'assurance qu'ils croyent avoir de leur Election. C'est un secret trop impénétrable, & une voye trop suspecte pour trouver la vérité qui doit être la même parmi les Chrétiens ; puisque nous voyons que les diférentes consciences produisent des témoignages diférens.

Quel peut être donc le témoignage que le Saint Esprit donne intérieurement, sinon une secrette inspiration de la vraye Créance dont il donne encore lui-même, comme il faisoit par la bouche des Apôtres, des témoignages publics qui manifestent la véritable Doctrine que tous les hommes doivent suivre. Voila la raison pourquoi les fausses Religions ne sont point apuyées sur la vertu du S. Esprit; ce nest point son Ouvrage ni son Conseil, c'est l'ouvrage & le conseil des hommes. De-là vient que de simples Missionnaires peuvent persuader d'habiles Philosophes, triompher même des forts Esprits, & que l'on voit que la Religion Chrétienne remporte des avantages sur les autres que celles-ci ne sauroient remporter sur elle; parce que ce qui est des hommes est aisément défait, & que ce qui est du Conseil de Dieu ne peut l'être en aucune maniére.

L'avis donc de notre Auteur à ses Missionnaires Anglicans est digne d'un Apôtre comme lui, qui est d'enseigner aux infidèles qu'il est de leur devoir de Penser avec Liberté aux opinions qu'ils qu'ils ont, auſſi-bien qu'à celles qui leurs ſont anoncées. Si ces pauvres Miſſionnaires n'ont pas d'autre reſſource pour la Propagation de leur Doctrine, il ne faut pas s'étonner s'ils font ſi peu de progrès parmi des gens qui ſont capables de raiſonner auſſi-bien qu'eux. Quel ſuccès peuvent-ils avoir, s'ils ont à faire à quelque bon Mathématicien, qui leur prouvera que pluſieurs points de leur Doctrine eſt contre la raiſon, dont ils leur accorde une Liberté entiére; ils concoureront plûtôt à la deſtruction qu'à la Propagation de leur Foi? Je dis de leur Foi, car ſi leur Doctrine n'eſt point véritable, ils ſeront eux-mêmes bien-tôt ébranlez. Mais s'ils avoient cette Foi qui n'eſt point apuyée ſur l'évidence de la Raiſon humaine, mais ſur une Evidence autentique du Saint Eſprit, aſſiſtez de ſa Vertu, ils demeureroient fermes & inébranlables dans la pourſuite de leur deſſein; convaincus, que la Propagation de la Foi a des vûës auſſi éloignées de tout ce qu'on peut penſer avec liberté, que les vûës de Dieu ſont éloignées de celles des hommes.

Com-

Comment la Propagation de la Foi, dépend-elle de la Liberté de Penser sur les points les plus sublimes de la Religion ? puis que tout ce qu'on peut penser de plus fort & de plus convaincant n'est pas un moyen assez éficace, pour persuader les véritez qui semblent le plus dépendre de la raison. Que d'ignorance ! que de préjugez ! que de motifs d'intérêt, que d'entêtement ! Que de Sagesse ! que d'Esprit ne trouve-t-on pas à combatre pour faire quelque progrès dans la Vigne du Seigneur ! Quelle aparence d'obliger un ignorant à comparer sa fausse Créance à une véritable, par la Liberté de Penser, dont il ne sait faire aucun usage ? Quel moyen de convaincre un plus savant que soi, dont la Liberté que vous lui acorderez, sufit pour augmenter la force de ses préjugez ? Quelle espérance de convertir un riche *Siamois* aux maximes de l'Evangile, qui est déja prévenu, qu'il est libre à tous les hommes de penser avantageusement de leur Religion, & qui ne manquera pas de se faire de-là une raison de demeurer dans la sienne ? Sans doute qu'il ju'il y a une autre vertu ſecrette, que a Liberté de Penſer n'a pas, & un aure Eſprit convertiſſant, pour ramener ous ces Gens de leur fauſſe raiſon, à :ette Raiſon droite & véritable qui nous :ſt marquée dans l'Evangile, & dont on ne peut avoir aucune évidence que lans une Créance fixe & générale qui loive ſervir de régle à tout le monde.

Avec toute l'étenduë de la Liberté le Penſer, que l'Auteur voudroit étaolir pour planter la Foi, il peut bien ;'aſſurer que la Doctrine de Jéſus Chriſt ı'en recevroit aucun accroiſſement, & que les pauvres Infidèles ſeroient plûtôt partis dans l'autre Monde pour en aprendre la Vérité, qu'ils n'auroient pû en être convaincus par les ſeules lumiéres de leur raiſon, non plus que par la Prédication des forts Eſprits.

ARTICLE VIII.

Le but de l'Evangile, selon que Jesus Christ & les Apôtres l'ont prêchée, établit l'obligation que nous avons de croire sur une évidence de Conformité contraire à la Liberté de Penser.

LA fin, que Jésus Christ s'est proposée dans la Prédication de l'Evangile, va mettre l'évidence, que nous sommes obligez d'avoir de la Conformité de notre Doctrine à la sienne, dans tout son jour. Mais notre Auteur, pour faire voir l'obligation de sa Liberté, s'est bien éloigné de son but, lors qu'il assure, qu'il n'a point eu d'autre intention que de rendre les hommes maîtres de leurs Pensées; comme le moyen le plus conforme à la raison & le plus propre à avoir quelque Créance. C'est une erreur si contraire à la vérité que cette même raison nous la fait connoître.

En étet, le Fils de Dieu nous a fait connoître, que son intention est bien éloignée de se servir de la Pensée de l'homl'homme, comme de l'unique moyen pour pénétrer le ſens de ſon Evangile, lors qu'il montra à un Docteur que ſa raiſon n'étoit pas capable de concevoir le deſſein de ſa Doctrine, ni d'où elle venoit; parce qu'elle étoit trop ſpirituelle pour lui, qui ne pouvoit ſeulement pas ſavoir la cauſe d'un éfet auſſi naturel que le vent; pour lui faire entendre que tout maître qu'il fut en Iſraël, il n'étoit pas encore aſſez maître de ſes Penſées pour comprendre des Véritez qui les ſurpaſſoient & ne peuvent être compriſes ſans le ſoufle d'un Eſprit bien diférent de celui de l'homme.

De plus, ſi Jéſus Chriſt eût eu deſſein d'obliger les hommes d'examiner avec Liberté l'Evangile, comme s'ils euſſent pû s'inſtruire de ſa Doctrine, & les aprendre d'eux-mêmes, il ſe fut contredit : lui qui nous aſſure qu'il faut venir à lui pour les ſavoir & qu'on ne peut même venir à lui ſans un atrait tout Divin. Avec quel front peut-on avancer que cela ſe fait par la Liberté de Penſer, & que notre obligation conſiſte dans une Penſée ſi hardie.

Il n'eſt pas plus vrai que Dieu ſe ſerve

ve de la ſeule Penſée de celui qui lit avec Liberté l'Evangile, pour la lui faire comprendre. Si le Pére l'atire pour lui enſeigner la Vérité de ce qu'il contient, c'eſt pour venir à ſon Fils qu'il a envoyé pour nous en inſtruire, ou à ſes Apôtres qui ont été envoyez du Fils dans le même deſſein, de quoi perſonne ne peut diſconvenir. Ce n'eſt donc point ſur l'évidence de notre Penſée que nous ſommes obligez de connoître les Véritez Evangéliques; mais ſur l'évidence que le Témoignage du Maître auſſi-bien que des Diſciples nous donne, que nos penſées ſont conformes à l'intention du premier. Si Dieu a voulu qu'on ne crût à ſon Fils que par le Témoignage qu'il donnoit que ſa Doctrine étoit conforme à la volonté de ſon Pére, comment pouvons-nous croire que nous y ſommes conformes ſur notre propre témoignage. Davantage *la Liberté de Penſer* eſt une voye trop ténébreuſe pour arriver à la connoiſſance de l'Evangile, & pour le faire, il faut avoir une autre clarté dont nos penſées ne ſont pas capables; puis qu'il eſt dit, *La lumiére luit dans les Ténébres*

bres & les Ténébres ne l'ont point comprise. Quelle eſt cette Lumiére, quels ſont ces tenébres ſelon l'eſprit de l'Evangile? Cette Lumiére eſt celle qui nous eſt donnée pour comprendre: Ces tenébres ſont les raiſonnemens de ceux qui ne comprennent point. Cette Lumiére conſiſte dans la connoiſſance, que le Fils de Dieu nous donne de ſon Pére: Ces Tenébres, dans la préſomption de le connoître par un autre moyen. Cette Lumiére vient de l'Eſprit de Dieu qui parle en ſes Apôtres; & ces tenébres vient de l'eſprit humain, qui n'écoute que ſes penſées. Enfin, cette Lumiére éclaire tous ceux qui la reçoivent, & les fait croire au nom de Jéſus Chriſt, en leur donnant en même tems le Droit des Enfans de Dieu, & ces tenébres aveuglent tous ceux qui, raiſonnant ſelon la chair & le ſang, ne veulent croire qu'en leur nom & ne recevoir d'autre lumiére que d'eux-mêmes, ni d'autre droit que de Penſer avec Liberté. Tout ceci ſupoſe une autre évidence que celle de notre raiſonnement.

Qu'on liſe ſans prévention, le Saint

Evangile on verra une ſuite de témoignages ſi évidens, que le deſſein de Jéſus Chriſt n'a pû être de l'établir ſur la créance que nous aurons trouvé la meilleure en l'examinant avec Liberté ou en croyant d'être inſpirez, qu'au contraire ils montrent ſi clairement qu'il y a une créance qui ne dépend point de notre penſée & qui doit être la régle de tout le monde, qu'il ne faut point douter que c'a été dant cette vûë que Jéſus Chriſt donne en tant d'endroits le pouvoir de l'expliquer aux Apôtres, & les Apôtres à ceux qui devoient gouverner l'Egliſe; pouvoir qui n'eſt point donné à tout le monde. Ce qu'il y a de ſurprenant, eſt que l'Auteur ait réſiſté à une ſi grande évidence pour nous obliger à l'éxaminer avec Liberté. Son éxemple nous confirme que *ſa Liberté de Penſer* n'eſt pas capable d'une ſi grande lumiére qui le condamne. *Voici la condamnation, c'eſt que la Lumiére eſt venuë au monde & les hommes ont mieux aimé les Ténébres que la Lumiére.*

ARTICLE IX.

Explication de quelques endroits de l'Evangile, qui prouvent une Evidence de Conformité contraire à la Liberté de Penser.

CE ne seront pas les Passages que notre Auteur allégue de Jésus Christ, aussi-bien que de Saint Paul, qui nous persuaderont son nouvel Evangile. Car si le Sauveur renvoyoit les Juifs aux Ecritures pour les éxaminer, ce n'étoit pas pour soûmettre les véritez qu'il leur annonçoit, à la Liberté de leur Jugement, & exclure l'obligation d'une autre évidence que de celle de leur raison. Bien loin de cela, c'étoit pour les convaincre, qu'ils ne pouvoient eux-mêmes découvrir le véritable raport de ce qu'il leur disoit à tout ce qui étoit écrit: Puis qu'ils ne croyoient pas même à Moïse, qui avoit parlé de lui, & dont ils n'étoient pas capables d'entendre les Ecrits. D'où vient qu'il leur disoit, *si vous ne croyez pas à ses Ecrits, comment croirez-vous à mes Paroles?*

les ? Tout ce qu'ils avoient pensé du Messie étoit bien éloigné de ce qui en étoit. Envain auroient-ils cherché dans les Ecritures, pour y trouver le raport de ce que Jésus Christ leur proposoit, à ce que les Prophetes avoient prédit; cette Liberté leur auroit été inutile pour lever le voile qui étoit devant leurs yeux. Ils voyoient bien jusques où leurs pensées pouvoient s'étendre, mais ils résistoient à cet Esprit d'intelligence qui portent nos pensées jusqu'à croire. Ils péchoient contre le Saint Esprit, parce qu'ils résistoient à l'évidence du Témoignage de nôtre Seigneur, qu'il faisoit voir être conforme à la vérité. Ainsi, l'Auteur est bien éloigné de l'intention de Jésus Christ en cet endroit, comme sont tous ceux qui le citent si souvent pour régler leur créance sur leur propre témoignage: Mais on a beau éxaminer les Ecritures, jamais on n'y trouvera la vérité, sans avoir une évidence qui soit plus sûre que celle-là, en voici la raison.

La lumiére nécessaire, pour rendre notre jugement parfait & notre créance infaillible, ne vient point de notre

Penſée, & elle n'eſt que naiſſante dans l'inſpiration que chacun reçoit en ſon particulier. Car, il eſt vrai que le Saint Eſprit inſpire la raiſon d'un chacun à la recherche de la vérité, mais il ne nous inſpire pas de trouver la vérité en nous-mêmes, ni dans les Ecritures par nous-mêmes. Toutes ſes inſpirations tendent à nous faire connoître la verité dans une Creance autoriſée de Jéſus Chriſt & de ſes Apôtres, le Témoignage deſquels eſt une évidence que cette Créance eſt conforme à celle du Fils de Dieu, comme le Témoignage du Fils étoit une évidence que ſa Doctrine étoit conforme à la volonté de ſon Pére, & c'eſt alors que le jugement & la créance qu'un chacun devient infaillible ſur cette évidence. Au moins c'étoit ainſi que les premiers Chrétiens ſe convertiſſoient du tems des Apôtres: touchez par leurs prédications, ils s'adreſſoient à eux: ils étoient joints au nombre des Fidèles, & leurs cœurs auſſi-bien que leurs Penſées étoient reünies dans une même Créance, & par ce moyen le Saint Eſprit rendoit leur converſion parfaite. Dans le fond ceci ne ne paroît-il pas plus conforme à la raison, & plus digne de la sagesse infinie de Dieu, pour établir aussi-bien que pour conserver son Eglise, que ne peut être la voye de la Liberté de Penser; & c'est en ce sens que Jésus Christ nous avertit de prendre garde à ce que nous entendons & à celui de qui nous l'entendons.

Les Disputes que Saint Paul avoit avec les Juifs, tant dans les Sinagogues, que dans les Places publiques, ne se faisoient que dans ces mêmes vûës. Il étoit bien persuadé, que son raisonnement ne sufisoit point, non plus que la liberté qu'il accordoit de disputer pour les convaincre; mais qu'ils avoient besoin d'une autre évidence que celle de la raison pour être convertis à la Foi. Si les Véritez qu'il leur annonçoit avoient été telles, qu'il eut été libre à tout le monde d'y penser, pour trouver par la seule pensée, une évidence propre à convaincre; pourquoi auroit-il dit qu'il n'en avoit point de honte? que parce qu'éfectivement les plus raisonnables s'en scandalisoient, & qu'elles sembloient choquer le bon sens.

Mais

Mais l'espérance qu'il avoit de les convertir étoit fondée sur la vertu de son Ministére qui avoit assez de force pour rendre son Témoignage évident. Par là il espéroit tirer du fruit de ses Disputes aussi-bien que de ses Prédications, qu'il ne regardoit que comme des actions naturelles de planter & d'aroser. Il n'avoit donc garde de vouloir rendre les hommes maîtres de leur pensées, & de les obliger à Penser avec Liberté, pour être convaincus par la seule évidence de la Raison; puis que lui-même reconnoît l'insufisance de la sienne, & que son Témoignage n'étoit digne de foi, & n'avoit une évidence de conformité, qu'autant qu'il étoit Apôtre de Jésus Christ.

ARTICLE X.

Le véritable sens de la Défense que Jésus Christ a faite à ses Apôtres, confirme une évidence de conformité oposée à la Liberté de Penser.

A Quels égaremens ne sont pas sujets dans la Religion ceux qui pensent avec Liberté, lors que maîtres de leurs Penſées, ils s'éloignent ſi fort du bon ſens. Il en eſt de la défenſe, que Jéſus Chriſt a faite à ſes Apôtres de porter le nom de Docteur auſſi-bien que de Maître, comme de toutes les autres qui ſont ſemblables à celle-ci. Mais quelle pauvreté! les Trembleurs ſe donnent la Liberté de prendre à la Lettre pluſieurs de ſes défenſes. Ils ne veulent point être apelez Docteurs ni Maîtres; ils ſe font un ſcruple d'être ſaluez comme de ſaluer. Ils n'oſeroient faire un autre jurement que le oui & le non; cependant, par un tour de la même Liberté de Penſer, ils ſont pour la Bourſe; pluſieurs habits ne leur font point de peine, & ils ne laiſſent pas de garder des preſceances dans leurs Aſſemblées. Pourquoi n'obſervent-ils pas ces défenſes auſſi-bien que les autres? Pourquoi auſſi ne s'arachent-ils pas les yeux toutes les fois qu'ils leur ſont une ocaſion de péché. La raiſon ne nous dicte-elle pas, que le Fils de Dieu n'a défendu que l'ambition dans les preſceances, que l'amour de diſtinction dans les saluts, que l'injuſtice & le menſonge dans le jurement, auſſi-bien que le trop de prévoyance dans les autres choſes

choſes qu'il a défenduës. De même il ne comdamne dans le nom de Docteur & de Pere, que la vanité & l'orgueil qu'on en peut tirer, auſſi-bien que l'eſprit de domination ſous celui de Maître. Il ne leur défend pas d'éxercer l'Ofice ni la Charge de Maître qu'il leur a donné ſi ſolennellement ; mais ſeulement d'en aimer la Dignité auſſi-bien que les honneurs. Il eſt certain qu'il eſt notre Souverain Maître & notre propre Docteur, que cette autorité lui apartient de droit ; mais il n'a pas laiſſé de donner cette autorité à ſes Apôtres qui les rend nos Maîtres & nos Docteurs, lors qu'ils nous prêchent en ſon nom, ſa Doctrine, & non la leur.

L'Apôtre St. Paul ſavoit bien diſtinguer le devoir de ſa Charge, de l'amour auſſi-bien que de la recherche des honneurs & des dignitez qui y étoient atachez. Il diſcernoit l'Eſprit d'empire, du nom de maître, lors que dans les fonctions qu'il en faiſoit, il diſoit, *non point que nous ayons un Empire ſur votre Foi.* Mais pour cela il ne laiſſoit pas de prendre les noms de Pédagogue, de Pere, d'Ambaſſadeur, & autres qui ſont tous des noms de diſtinction & de prééminence, qui ôtent à tous les autres, qui n'ont pas ces Charges, le Droit d'être maîtres de leurs Penſées, ſi ce Droit eſt fondé ſur la défenſe que Jéſus Chriſt a faite de prendre le nom de Maître.

Il fait plus, car il montre que cette ſubordination d'Apôtres, de Docteurs & autres Perſonnes deſtinées au Gouvernement établi de Dieu, même dans ſon Egliſe, eſt neceſſaire; ſans cela la belle & longue comparaiſon qu'il fait du Corps de cette Egliſe avec le corps humain, ne ſeroit pas juſte. Or comment un chacun, ſous une telle ſubordination, pourra-t-il ſe prevaloir d'être maître de ſa penſée, parce que Jeſus Chriſt a defendu à ſes Apôtres d'enſeigner en Maître, avec empire, & comme ayant d'eux-mêmes cette autorité? Cela fait voir au contraire, que lors qu'ils enſeignent par l'autorité qu'ils ont reçûë de lui, un chacun doit ceſſer d'être maître de ſoi, pour les écouter comme Jeſus Chriſt même. Nom à part, ſi vous voulez, ils ont le pouvoir de leur Maître qui leur a donné

la

la Clef de sa Doctrine & leur a communiqué son infaillibilité.

Mais àpresent, de quoi est devenu ce Pouvoir & cet Esprit infaillible sur lequel ce Dieu Homme a fondé l'edifice de son Eglise ? Est-ce qu'il n'y a plus de Pedagogues, de Docteurs pour expliquer sa Doctrine ? N'y a-t-il plus de Peres pour former quelqu'un à son Evangile ? Plus d'Architectes pour continuer à édifier sur le fondement qu'il a posé ? Plus d'Ouvriers pour travailler à sa Moisson, plus d'Ambassadeurs pour porter sa Parole ? Le Corps de son Eglise ne subsiste-t-il plus dans ce bel Ordre que Saint Paul croit si necessaire pour en empêcher la division & contribuer à le maintenir ?

Cela n'est plus, dit nôtre Auteur avec bien d'autres. Le Fils de Dieu en a ordonné autrement. Que dis-je, le Fils de Dieu ! N'est-ce pas lui ôter cette qualité & le rendre sujet à l'impuissance d'un homme, lors qu'ils disent que le Sauveur se defioit trop des Prestres pour leur donner la même infaillibilité, avec le même pouvoir qu'il avoit subdelegué à ses Apôtres. A ce compte, le Sauveur n'est seulement

ve.

venu au Monde que pour rendre les hommes maîtres de leurs Penſées, parce qu'il n'a pû fléchir le cœur des Preſtres, comme il a fait celui des Apôtres, & les rendre infaillibles pour conduire ſon Egliſe, de même qu'elle a été du tems de ceux-là.

Voila la raiſon qui a fait que le Fils de Dieu a dêfendu le nom de Maître à ſes Apôtres, de peur que les autres ne ſe prévaluſſent de leur inſaillibilité; C'eſt pourquoi, dit l'Auteur, *ni les anciens Péres, ni l'Egliſe, ni les Conciles, ni aucun Homme, ne peuvent être apelez nos Conducteurs non plus que nos Maîtres.* Que de ſuperchercies & d'erreurs en ſi peu de paroles! C'eſt une vérité, que ni l'Egliſe hors des Conciles, ni l'Egliſe aſſemblée dans les Conciles, n'eſt non plus Maître de la Creance que nous devons ſuivre, que les Apôtres l'ont été: elle n'enſeigne non plus en ſon nom & de ſa propre autorité, que ceux-là l'ont fait: elle n'a pas le Droit de remettre les Péchez ou d'ouvrir le Royaume des Cieux, comme les Apôtres ne l'avoient pas auſſi; puiſque c'étoit un Privilége qu'ils avoient

avoient reçû ; en ce ſens il n'y a perſonne ſur la terre qui ſoit notre Maître que Jéſus Chriſt ; Mais s'il n'y a point d'Egliſe qui ait le Privilége de lier & de délier, s'il n'y a point d'Egliſe à qui Jéſus Chriſt ait donné la Clef des Véritez de ſon Evangile ; s'il n'y a point d'Egliſe qu'il veuille que nous écoutions, & qu'il ait fondée ſur une Créance qui ne doit jamais manquer ; j'avouë que je ne ſai où trouver l'Egliſe de Jéſus Chriſt. Il me paroît, que tout ce qu'il en a dit en termes ſi formels doit être plûtôt pris à la lettre que la défenſe qu'il a faite aux Apôtres d'être apelez Maîtres. A moins qu'on ne rende cette Egliſe ſi inviſible dans la penſée des hommes, que chacun puiſſe s'en rendre Maître. Si c'eſt là où il la faut chercher, me voici réduit dans un grand embaras. Je crains bien qu'à force de la rendre imperceptible, elle ne ſoit anéantie pour ceux qui la cherchent dans ces eſpaces imaginaires.

Pour ce qui eſt des anciens Peres, ou de quelques Preſtres que ce ſoit, qui peut les reconnoître pour ſes Conducteurs

ducteurs ou pour Maîtres, qu'autant que leur Doctrine est conforme à celle qu'il a semblé bon au St. Esprit de leur inspirer en corps, pour la prêcher après en particulier. Qui peut s'atacher à Céphas ou à Apollos, sinon ceux qui se laissent gouverner par la Liberté de Penser sans avoir une évidence infaillible de leur conformité. Car ceux qui croyent l'Eglise de Jésus Christ infaillible, & qui font consister l'évidence de Conformité dans son Témoignage, ne comprennent pas seulement les Prestres, mais encore tout le Corps de l'Eglise, dont le consentement universel fait l'infaillibilité, & qui n'a pas encore jusques aujourd'hui atribué à aucun particulier, quelques prérogatives qu'elle reconnoisse d'ailleurs en lui, le Don d'Infaillibilité.

Les autres mêmes, qui tiennent que chacun a assez de l'Esprit de Dieu en matiére de Foi, ne taxent-ils pas d'erreur ceux de leur Communion qui ont des sentimens contraires à tout le Corps? Quoi qu'ils envoyent aux Ecritures pour les éxaminer avec Liberté, n'exercent-ils pas la fonction de Maîtres & de Docteurs ? ne s'atribuent-ils pas la même autorité qu'ils nient ? Ne se font-ils pas écouter comme la véritable Eglise ? Et d'invisible qu'ils font celle de Jésus Christ, ne prétendent-ils pas la rendre visible dans leurs Assemblées ? Ils sont si persuadez que la Doctrine des Fidèles ne consiste proprement que dans celle que l'Eglise visible a enseignée dans les Conciles, qu'en prêchant sur la Divinité de Jésus Christ, pour prouver qu'il est consubstantiel à son Pére, ils ne peuvent s'empêcher de la prouver par l'autorité du Concile de Nicée, & peu s'en faut qu'ils ne confondent l'Autorité de l'Ecriture avec celle du Concile, & qu'ils n'alléguent l'une pour l'autre. Il faut avoir autant de présence d'esprit, & en même tems de prevention, que j'en remarquai dans un très habile Homme, qui évita adroitement la meprise. Il ne laissa pas d'avouer que tous les Peres du Concile, à la reserve de quatre ou cinq, furent autant de Temoins que la Doctrine de la Divinité de Jesus Christ étoit la Doctrine ne de l'Eglise de ce tems-là. Il est vrai qu'il ajoûta qu'il ne croit pas cette Doctrine sur l'autorité du Concile (ce qui seroit tradition) mais sur celle de l'Ecriture. Ce qui renversoit toute la force de son raisonnement, dont le but étoit de prouver la Divinité de Jésus Christ, par l'autorité ou par le moyen du Concile, qui expliquoit aux Fidèles la Doctrine de l'Eglise qui se trouvoit dans l'Ecriture ; mais les Fidèles ne pouvant connoître cette Doctrine sans l'autorité ou l'explication du Concile, c'étoit assez pour rendre ce Concile, ou l'Eglise, dans le Concile, infaillible. si on ne peut le croire que par une ancienne Tradition, on ne peut la combattre que par une plus nouvelle.

Revenons au pouvoir & à l'infaillibilité des Apôtres, de quoi est-il devenu ? Car enfin, l'Eglise doit avoir le même fondement, le même Corps, pour être la même que Jésus Christ a établie & formée. Le voici, au lieu de cette Infaillibilité, chacun a ses pensées, & en la place de ce Pouvoir, tout le monde est maître de penser. C'est à dire, si l'Eglise du Fils de Dieu est

eſt un Edifice, chaque partie de cet Edifice comprend tous les autres, ſervent aux mêmes uſages, ne ſont pas plus que les autres. Si c'eſt une Moiſſon, il n'y a point de Maître de la Moiſſon où perſonne qui tienne la place du Maître dont il eſt envoyé, pour envoyer les autres; mais tous ont le même pouvoir du Maître de faire de la Moiſſon comme bon leur ſemblera. Si l'Egliſe eſt un Corps, chaque Membre fait l'ofice de tous en particulier; les Piez ne ſe conduiſent point par les yeux; mais ils ſont les Yeux auſſi. La Tête ne gouverne point le Corps, ou c'eſt un Corps ſans Tête: Tous le Membres enſemble n'ont pas plus de pouvoir qu'un ſeul, mais un ſeul eſt auſſi noble & a autant de Priviléges que tous enſemble. Tant d'abſurditez ſont très favorables au véritable Clergé que l'Auteur tâche de décrier dans la conduite des Preſtres & autres qui n'en ſont point.

ARTICLE XI.

La Conduite de tous les diférens Clergez du Monde fait voir, qu'il faut qu'on soit obligé à une autre évidence de conformité, que celle qu'on a par la Liberté de Penser.

SAns doute que ce grand nombre de Prêtres, dont on décrie la conduite, pour autoriser la Liberté de Penser, sont si considérables que leurs opinions passent parmi les Orthodoxes, pour être le fondement sur lequel Jésus Christ a établi son Eglise; puisque c'est de leur procédé qu'on prétend tirer de fortes raisons qui obligent un chacun à ne se fier qu'à ses propres pensées. Mais Dieu! Quel Clergé! Quels Prestres! & la méchante conséquence, que leur conduite, pour rendre chacun maître de la sienne!

Pour commencer par ces Prestres. Ce sont de vieux Prestres Payens, aussi-bien que ceux d'aujourd'hui. Des *Talapoins*, &c. des *Dervis*, des *Rabins*, &c. de plus, des *Whigs*, des *Rigides*, de des *Modérez*; des Evêques *demi-Whigs demi-Toris*. Sans oublier les *Jansénistes*, non plus que les prétenduës Sectes de *Molinistes*, de *Thomistes* avec celle aussi des *Jésuites*. Auxquels on ajoûte, les Prestres de toutes les differentes Communions répanduës en Asie aussi-bien qu'en Afrique On y joint encore quelques anciens Peres, avec quelques Eglises particuliéres. Mais de quelle autorité est tout ce Clergé ensemble pour soûtenir la Liberté de Penser?

Il est vrai, que si la véritable Doctrine étoit atribuée à ces sortes de Prestres, leur conduite pourroit servir de raison pour obliger un chacun à se rendre maître de sa pensée. Mais qu'en arriveroit-il? La même chose qui est arrivée à la plûpart d'eux. Les uns reprendroient le chemin du Paganisme, les autres tomberoient dans cette bisarerie de Religion, qui paroît dans cette troupe de Docteurs, dont notre Auteur expose la pitoyable Théologie, & qu'il tourne lui-même en ridicule par les Tîtres de Venerables, de Pieux & d'Ortodoxes, dans le même tems qu'il découvre l'égarement de leurs

Opinions. Ce ſeroit alors qu'il y auroit autant de Sectes qu'il y a de ces autres Docteurs, qu'on accuſe avoir une Créance différente, ſous prétexte des diferens noms qu'ils portent, mais avec beaucoup d'injuſtice ; puis que toutes leurs opinions paſſent ou pour erronées ou pour Scholaſtiques, que ces Docteurs ne les prennent pas eux-mêmes pour la Régle de leur Foi, bien loin qu'elles en ſervent aux autres. Cette retenuë n'auroit plus de lieu, ſi la Liberté de Penſer étoit en vogue. Chacun ſuivroit ſon Docteur dans ſa Créance particuliére, l'une ſous le nom de Janſeniſme, l'autre de Jéſuiticiſme ; celle-ci de Molina ou de Molinos, & celle-là de Tomiſtes ; au lieu que les Opinions qui ſont erronées ſont rejettées, & que celles qui ſont en diſpute ne ſont point crûës. Les hommes ſe laiſſeroient entraîner à l'évidence qui ſeroit plus conforme à leur génie, ſans avoir une évidence de la véritable Religion pour s'y atacher tous enſemble. Il arriveroit au moins que les plus grands Docteurs, dont la Doctrine auroit brillé dans quelques points, s'éclipſeroit

clipseroit dans d'autres par trop de Liberté de Penser, comme il est arrivé à Tertulien & à Origene. Que le sentiment d'un grand Homme, semblable à un St. Athanase, seroit la Régle de plusieurs autres sans d'autre autorité que la sienne; & que des Eglises particulieres se feroient une créance qui causeroit le Schisme & la Division.

Puis donc que les Opinions de tous ces Prestres, pris tous ensemble, comme en particulier, n'ont aucune évidence de conformité à la saine Doctrine, & que l'Ortodoxie ne dépend point de leur conduite ; à quoi sert cette longue énumeration des défauts, que l'Auteur a remarquez dans leur procedé, pour prouver l'obligation que tous les hommes ont de Penser avec Liberté? Tous les Passages qu'il en a citez ne font pas plus à son sujet que les principaux Chefs sous lesquels il a réduit toute leur conduite. Je me contenterai de les raporter, pour montrer au doigt la fausseté de sa consequence, aussi-bien que la verité de celles qu'on en peut tirer.

ARTICLE XII.

Les Conſéquences tirées du procédé de toutes ces ſortes de Preſtres, dont la conduite eſt ici marquée, ſont contraires à l'Evidence tirée de la Liberté de Penſer.

QUel jugement ferons-nous du procédé de ces ſortes de Preſtres, & en particulier de leurs diviſions touchant la Nature de Dieu auſſi-bien que de ſes Atributs ? Que penſerons-nous de leurs diſputes ſur les Livres Sacrez, leur Autorité & le ſens qui leur eſt propre ? Que conclure de ce que leurs Ouvrages font voir qu'il y a des points de Doctrine enſeignez dans l'Egliſe qui ſe contrediſent & ſont contraires à la raiſon ? Qu'inférer de leur aveu qu'il ſe trouve des abus, des defauts & de fauſſes Doctrines dans l'Egliſe ? Que s'en ſuit-il de ce qu'ils font profeſſion de ne pas dire la verité, & qu'ils blament ceux du Clergé qui ont aſſez de candeur pour la dire. A quoi aboutit la Liberté qu'ils prennent,

nent, de donner des noms odieux aux Chrétiens, qui se piquent d'être les plus raisonnables ? Que signifie, s'ils rendent le Canon des Ecritures incertain, comme aussi son Texte, en prouvant que les paroles ont été changées, alterées, &c. Que prouver par ce qu'ils rendent publics les Argumens des Libertins, des Athées & des Déïstes, &c. ou par les retranchemens qu'ils font dans les Livres qu'ils mettent au jour & qu'ils traduisent. Concluëra-t-on de tout ce procedé, que l'Auteur a detaillé fort inutilement, que parce que tout ce Clergé n'est pas croyable, il faut qu'un chacun se croye soi-même ; fausse consequence en faveur de la Liberté de Penser, qui fait voir qu'elle n'a aucune évidence de Conformité.

Où est l'évidence ? La Liberté de Penser, qui a servi à tant d'habiles gens pour les égarer, ne nous égarera pas. A force de Penser ils ont conçu une idée indigne & scandaleuse des Livres Sacrez ; par trop de raisonnement ils se sont éloignez du véritable sens ; mais nous, par le même moyen, nous

nous jugerons mieux des Ecritures qu'ils n'ont fait. Ils ont montré qu'ils n'étoient pas infaillibles dans leurs sentimens particuliers; mais pour nous, si nous voulons faire usage de notre Esprit, nous découvrirons la Vérité, non pas infailliblement, mais sufisamment pour excuser notre erreur. Quelle liberté ne se sont pas donné, dit l'Auteur même, les Prestres Payens au sujet de la Nature de Dieu? *On peut dire qu'ils en ont eu autant de diférentes idées, que le savoir, l'intérêt ou la folie ont pû leur en suggérer*; Quant à nous, nous serons les seuls sages, les seuls savans, les seuls desintéressez, dans l'usage de nos pensées, pour n'en avoir que de justes.

Cette mauvaise conséquence est encore plus sensible dans une observation particuliére, sur la conduite de St. *Hierôme*, des Sts. *Grégoire* de *Nazianze* & le *Grand*, qui sert au même Auteur pour conclure en faveur de sa Liberté. Il veut que, parce que le premier de ces grands Hommes (auxquels d'ailleurs il est forcé de rendre de grands témoignages d'intégrité, de pro-

probité & de Religion) parce que ; dis-je, il a retranché d'*Origéne* ce qui en étoit de mauvais, que les deux autres ont détruit les Ouvrages profanes de quelques anciens Poëtes, pour en substituer en leur place, qui excitassent du zèle pour la Religion, il veut pour cela qu'ils soient rendus indignes, qu'on ait égard à leurs sentimens sur ce qui regarde la Doctrine, préférablement à chacun le sien. Leurs Autoritez aussi-bien que celles de St. Augustin & des autres de ce poids, ne sont, selon la belle comparaison qu'en a fait publiquement un Esprit fort, que des *Broussailles*, dont il faut avoir soi-meme l'Esprit de se débarasser, pour penser plus justement, (aparemment dans le jardin délicieux de la Liberté) qu'ils n'ont fait. On ne doit pas plus déférer à leur mérite qu'à celui des *du M*...., des *J*...., des *J*...., & d'autres Docteurs de semblable caractere que le donneur d'avis sur la Traduction Françoise du Discours de la Liberté de Penser, a mis en parallelle avec ces Sts. & savans Personnages, par un trait de la Rétorique, aussi ba-

 din

din que mal apliqué. Mais la ſuite de tout ceci eſt auſſi mal conçuë, la voici, puiſque les uns & les autres Docteurs nous ont donné ſujet, par leur procédé, de nous défier de leurs penſées, les uns avec raiſon & les autres ſans fondement, un chacun eſt obligé de ſuivre les ſiennes. Cela s'apelle-t-il inférer aſſez évidemment, pour nous faire connoître, que nous aurons plus de bonheur de nous conformer à la Vérité. Ne ſeroit-il point plus juſte de faire les raiſonnemens ſuivans, qui, d'une Conſéquence en une autre pourront nous conduire juſques au point de la Vérité tant recherchée.

ARTICLE XIII.

Par quelles autres Conſéquences on peut arriver à l'évidence de Conformité.

1. LA conduite de tous ces Preſtres donne lieu à tant d'incertitudes, que même les penſées des plus Saints & des plus celebres Docteurs ne peuvent nous donner aucune aſſurance en matiere de Religion. A quoi cependant

dant ils n'ont pû parvenir quelques efforts qu'ils ayent fait de *Penser avec Liberté*. Après cela ne sommes-nous pas plûtôt obligez de nous defier de nos propres pensées, que de nous reposer dessus, dans la crainte qu'en nous servant des seuls moyens, qui en ont perdu un si grand nombre, & fait errer tant d'autres, nous ne nous perdions nous-mêmes, ou ne tombions dans l'erreur.

2. Si nos pensées, ni les pensées de tous ces Prestres ne sont pas sufisantes pour y avoir aucune confiance. Et que de l'aveu de St. Paul nous ne sommes point sufisans pour penser quelque chose de nous-mêmes; Il faut de necessité, qu'il y ait un Fondement assuré, une Voix intelligible, un Don surnaturel, une Regle infaillible, un Esprit de Verité, d'où nous puissions avoir une évidence, que notre Doctrine est conforme à celle de Jésus Christ. Mais d'autant que chacun croit que c'est de Dieu même d'où vient l'Esprit qui l'anime, la Régle qu'il suit, le Don qu'il a de Penser, & la Voix qu'il écoute; comment en faire

le

le discernement ? L'autorité de tout le Clergé, dont on a fait mention, avec toute sa Liberté de Penser, n'est point sufisant pour le faire. La raison de l'un, pour soûtenir son opinion, sera la même de l'autre, pour maintenir la sienne. Qui nous tirera d'une si grande incertitude. Celui-ci me fait valoir une créance; celui-là une autre; tous me proposent diférentes Doctrines, dont ils me prétendent faire voir l'évidence de leur conformité à celle de Jésus Christ, & cela suivant son même Esprit, selon sa même Régle, par sa même Voix, avec son même Don, duquel ils se prévalent en qualité d'Elûs ou de forts Esprits. Quel parti prendre pour découvrir la Verité ? Le raisonnement de notre Auteur nous sert à la découvrir, en nous obligeant de croire que Dieu a accordé au Clergé, qui doit conduire son Eglise, des prerogatives pour rendre sa conduite parfaite & éxempte des reproches, qu'on fait aux autres; ce qui nous fait tirer cette autre consequence.

3. Puis qu'on ne peut distinguer le veritable Clergé, qui apartient à l'Eglise

glise de Jésus Christ ; parce que d'un côté on rend cette Eglise invisible & que chacun la recherche dans les propres pensées, qu'il soûtient par les mêmes raisons ; & que de l'autre, si elle est visible, elle ne peut se trouver parmi les Clergez dont il a été parlé ; parce que leur conduite est si suspecte qu'il vaut encore mieux s'arrêter à son propre sentiment qu'au leur ; puis que cela est, il faut que Jésus Christ ait rendu son Eglise visible par une conduite si parfaite dans la creance de son Clergé qu'il soit éxempt de toute sorte de reproches. & que pour cela il ait en même tems favorisé cette Eglise d'un Pouvoir invisible, qu'elle puisse discerner la véritable voix, d'avec celle qui est contrefaite, distinguer ce qu'il y a de naturel & de surnaturel dans le don qu'un chacun a de Penser ; juger si on suit justement la Régle des Ecritures, ou si on ne les régle pas selon ses propres lumiéres ; & quand c'est l'Esprit de Verité, qui nous inspire, ou l'Esprit du mensonge qui nous suggere. Que si le Fils de Dieu, pour conserver sa Doctrine dans

sa

ſa pureté & l'uniformité, l'avoit voulu confier à la conduite d'une Egliſe, renduë irreprochable par un tel privilege. Qu'eſt-ce que tous les Forts Eſprits y pouroient trouver à redire. Ils ne pouroient refuſer de s'y ſoûmettre eux-mêmes, puiſque ce n'eſt que ſur les reproches qu'on fait aux Preſtres, qu'ils aiment mieux ſe conduire en penſant avec Liberté; & que pourroient-ils inſérer d'une pareille Egliſe? Sinon que, ſous la conduite de ſon Clergé les Fidèles auroient tous les avantages qui leur ont été promis par le Fils de Dieu, & toutes les promeſſes qu'il a faites à ſon Egliſe ſe trouveroient accomplies ſelon l'ordre qui ſuit. 1. Tous ceux qui l'écouteroient ſeroient aſſurez d'écouter Jéſus Chriſt qui lui en a donné ſa parole. 2. Tout le monde aprendroit d'elle les Véritables intentions de notre Seigneur qu'elle aprend de lui par le Don d'infaillibilité qu'il lui promit tant en la Perſonne de St. Pierre, lors qu'il l'aſſura ſi particuliérement de la perpetuité de ſa Foi, qu'en la Perſonne des Apôtres, comme il fit un peu avant que de les quitter.

ter. 3. La Priere qu'il fit à son Pere, pour ceux qui devoient croire *par leur parole*, auroit son éfet. Qui croiroit aux choses qu'il a aprises de l'Eglise, & qui lui ont été confiées, seroit veritablement atiré du Pere ; *Sachant de qui vous les avez aprises*, comme disoit St. Paul a Timothée, vous seriez certain que votre Foi est un Don qui vient de ce Pere des Lumieres. La Foi des autres qui viendroit d'un autre principe, seroit fausse & leur pretenduë inspiration un pur Fanatisme.

4. On se feroit une Regle infaillible de l'Evangile, par l'intelligence qu'en donneroit l'Eglise, à qui le Sauveur n'a pû acorder le pouvoir de la prêcher, qu'il ne lui ait communiqué la vertu de l'entendre. Comme il falut qu'il ouvrît l'Esprit des Apôtres, pour entendre les Ecritures, afin de les pouvoir expliquer, il est aussi necessaire qu'il en use ainsi à l'égard de l'Eglise, pour en donner l'ouverture aux autres ; autrement, le moyen qu'ils crussent si on ne les évangelisoit. De même donc que les Apôtres & les Prestres assemblez donnoient leurs Resolutions

solutions sur les doutes qui s'élevoient dans l'Eglise, quoi qu'ils eussent entendu de Jesus Christ même l'Evangile; & qu'après avoir éxaminé l'afaire en question, leurs resolutions étoient des Ordonnances qui contenoient ce qu'on devoit croire: Aussi l'Eglise leveroit toutes les dificultez qui peuvent survenir, nonobstant que chacun ait l'Evangile entre ses mains. L'Eglise l'expliqueroit de vive voix, dans les tems les plus reculez des Apôtres; où les Fidèles ont plus besoin d'être instruits que du tems de St. Paul & des autres Ecrivains Sacrez, lesquels, lors que tout le monde en devoit être, pour ainsi dire, informé par soi-même, & étoit si favorisé des dons du St. Esprit, ne laissoient pas de donner des éclaircissemens tant par leurs Ecrits que par leurs Prédications. Ce seroit-là sans doute le moyen d'empêcher, que l'Evangile ne servît de Regle pour apuyer l'erreur.

5. On seroit encore assuré d'être conduit par l'Esprit de Jésus Christ en entendant parler l'Eglise, car ce n'est point elle qui parle, mais l'Esprit de

Vé-

Vérité qui parle en elle, & qui lui dit tout ce qu'il sait du Pere aussi-bien que du Fils. Par cette voye-là, la Doctrine du Fils ne seroit point exposée à tant de fausses opinions qu'on fait passer pour véritables, sous couleur de ce même Esprit & qui ne proviennent que du propre sens où chacun abonde.

ARTICLE XIV.

Toutes ces Consequences nous font tomber dans une autre, qui exclut de l'Evidence de Conformité toutes les Eglises, dont la conduite ne fait voir aucune marque des Promesses de Jésus Christ.

APrès avoir inferé du procedé des Prestres qui ont Pensé avec Liberté, qu'on ne peut éviter de tomber dans leurs erreurs en suivant ce Principe; de-là notre insufisance, pour connoître la Verité, avec la necessité d'une vertu Divine, a paru une suite incontestable; Mais parce que chacun s'en prevaut, il s'ensuit que Jesus Christ en a donné le discernement à l'Eglise par les Prérogatives qu'il lui a accordées selon les promesses qu'il lui en a faites ; d'où il faut conclure que l'accomplissement de ces Promesses dependent de la conduite de son Eglise qui ne sauroit être parfaite à l'égard de la Creance qu'elle enseigne sans un privilege tout particulier pour discerner la Verité du mensonge.

Il ne reste plus qu'à connoître cette Eglise qui fait voir par sa conduite l'accomplissement des Promesses qui ont été faites à l'Eglise de Jésus Christ pour rendre sa Doctrine conforme à la sienne. Dans quel Clergé, parmi quels Prestres ? En quel Païs, en quelle Nation, parmi quelles sortes de Peuples, en quel tems, cette Eglise a-t-elle subsisté, ou subsiste-t-elle ? qu'elle est son commencement, quelle sera sa fin ? Car après tout le Fils de Dieu a une Eglise, tout le monde en fait une Profession de foi ; & cette precedente suite de consequences nous ménent à un point, qu'on ne peut se persuader qu'il y ait un autre moyen, pour connoître la Vérité, que celui qu'il lui a promis, & par lequel tous les Fidè-

les

les doivent arriver à sa connoissance.

De quel côté que je me tourne, je n'en vois aucunes qui portent les marques de ces promesses, leur conduite, sujette aux reproches qui la rendent suspecte, en est un témoignage bien sensible, au sentiment même des forts Esprits. Toutes disent avoir l'Ecriture, qui sert de régle à tous sans se croire obligez à autre chose qu'à suivre la lumiére dont ils prétendent être éclairez. Mais pourquoi ces Eglises ne sauroient-elles s'éxempter d'erreurs & de tous les défauts qu'on remarque dans leur conduite ? Sinon, parce qu'au lieu de l'Ecriture, elles suivent le grand chemin de la Liberté. Elles se servent des Oracles Sacrez, comme d'une voix qu'ils entendent de differentes maniéres. S'il y a un Don, pour les expliquer, chacun se l'aproprie à soi-même pour soûtenir des opinions contraires. C'est une régle qu'ils gauchissent de tous les sens ; & l'Esprit, qui parle par ces Oracles, reçoit dans chaque bouche des interprétations, qui sont directement oposées. En vérité il ne paroît dans ce procédé rien de Divin,

 au-

aucunes marques des promesses que Jésus Christ a faites à son Eglise. Tout est humain : on ne reconnoit que l'esprit & le génie de quelques hommes qui l'ont communiqué à un Siécle, à une Nation, à un Tems, quelquefois à un Canton, à une Ville, ou à quelques Familles. Ce qui ne fait paroître aucune évidence, que leur Doctrine soit conforme à celle de notre Seigneur. C'est notre Auteur, qui nous le fait croire & nous oblige d'inférer en dernier lieu, ce qui suit.

ARTICLE XV.

Derniére Conséquence.

Cette Eglise-là seule a une Evidence de la Conformité de sa Doctrine à celle de Jésus Christ, dont la conduite est éxemte des reproches faits aux autres; marque certaine, qu'en elle sont accomplies toutes les Promesses.

CEla posé, comme une verité incontestable, que l'acomplissement de toutes les Promesses, faites à l'Eglise, dependent de la conduite, à l'égard de la Doctrine qu'elle enseigne. Cette Eglise, dont la creance est éxemte de tous les reproches faits aux autres, doit être la seule qui ait toute l'évidence, qu'on puisse souhaiter d'une parfaite conformité à celle que le Fils de Dieu a eu intention d'établir sur la Terre.

Après donc toutes les consequences, qui suivent de la Liberté de Penser, elle nous oblige d'inférer en dernier lieu. que l'Eglise véritablement Chrétienne se reconnoît à ces marques d'une conduite irréprochable. 1. Elle ne doit point être composée de * ces Prestres, dont la conduite s'est renduë suspecte par la diversité de leurs sentimens, non plus que de ces Peuples qui suivent les opinions de diferens Docteurs, qui ont excité tant de disputes & causé tant de divisions; Mais au contraire, elle en doit être visiblement distinguée, par la conduite uniforme de tous les Prestres aussi-bien que de tous les Peuples qui la composent & en forment un Corps, animé du même Esprit de vérité, qui leur ins-

* *Voyez le* 12. *Art. Sect.* 2.

inſpire d'enſeigner & de croire une même Doctrine ; de ſorte qu'elle ſe conſerve toûjours dans l'union ; parce que tout ce qui eſt arrêté, & univerſellement reçû eſt une regle de Foi que perſonne ne taxe d'erreur, qui met fin à toutes les diſputes, réünit tous les Eſprits dans un même ſentiment, & dont les Fidèles revérent tous les points comme autant de veritez très certaines. Veritez qu'il ſeroit inutile de prouver, puiſque tous les raiſonnemens, qu'un particulier peut faire, n'ôtent point aux autres la Liberté de ſe fonder ſur ſa propre raiſon, & que chacun ſe croit en droit d'avoir ſon ſentiment ; ce qui eſt l'origine de toutes les diviſions ; à quoi on ne peut remedier, à moins de croire que la preuve, la plus forte des veritez de Religion, ſe tire de ce que la conduite d'une pareille Egliſe eſt un accompliſſement des Promeſſes de Jéſus Chriſt, dont on ne peut avoir des marques que par cette voye là. Et que de plus, c'eſt une ſuite du raiſonnement des Forts Eſprits, qui font dificulté de croire aux Preſtres, dont une conduite, opoſée à la précédente,

dente, est une forte présomption qu'ils n'enseignent pas la verité.

2. L'Eglise de J. C. doit être celle où les mêmes Livres Sacrez, avec le même sens aussi-bien que la même autorité sont reçus universellement; en quoi elle ne peut être coupable du reproche qu'on fait aux autres, de ne pas garder la même conduite.

3. L'Eglise Ortodoxe est celle qui croit, que, selon les paroles expresses de Jésus Christ son intention n'a point été de fonder sa Doctrine sur la Raison ou l'Inspiration de chaque Particulier, d'où est arrivée une si grande confusion d'opinions; mais bien sur la raison d'un Conseil universel inspiré du St. Esprit, qui dirige tous les Esprits, tant pour convenir en une même creance, que pour y croire. Bien loin d'autoriser aucun abus, ni de soufrir aucun deguisement, elle doit faire profession d'élever la Vérité au dessus de l'erreur, & de louer hautement ceux qui en prennent le parti; condamner les Ouvrages, le Sentiment, & le Procedé de quiconque tient & croit le contraire; & charger expressément ceux qui ont la

conduite des Ames, d'avertir le Peuple de se donner garde des abus & des Superstitions où l'on peut tomber à l'égard des choses les plus saintes : Sur quoi, plusieurs reproches, qu'on a fait au pretendu Clergé, sont fondez, & dont ceux qui sont bien informez de la precaution & de la conduite du véritable, ne pourront jamais l'acuser.

4. Cette Eglise est vrayement Evangélique qui ne donne point de noms odieux à aucun Docteur ou autres Personnes, qui se servent de leur Raison pour mieux s'éclaircir de la Vérité, sans prétendre se régler sur ses propres lumiéres, au risque de se tromper : Mais qui, conduite par l'Esprit de Jésus Christ & de ses Apôtres, regarde, comme gens separez de la Communion des Fidèles, ceux qui, plûtôt que de l'écouter, veulent faire passer leur entêtement pour une droite raison, & leur propre raison pour la Vérité. Ce qui l'éxempte encore d'un autre défaut, qui sert à décrier une Eglise mal conduite.

5. L'Eglise est Catholique, hors laquelle

quelle le Canon des Ecritures eſt rendu incertain, auſſi-bien que ſon Texte, qui a été changé & altéré dans les autres: Sous laquelle on convient du même Canon, du même Texte, & dont la Foi, qui ne manquera jamais, ne pourroit changer, s'altérer, ni ſe perdre; quand on ſupoſeroit, qu'il y auroit quelques paroles ou Paſſages de changez, d'altérez & de perdus: puiſque le même St. Eſprit, qui les a dictez, dirige l'Egliſe de Jéſus Chriſt.

6. Enfin, cette Egliſe-là eſt Sainte, qui décrie les raiſonnemens des Libertins, des Athées; qui défend & condamne leurs Ouvrages; qui ne ſuprime rien de ce qui eſt bon, ne change que ce qui eſt méchant dans les Livres qu'on met au jour, ou qu'on traduit avec ſa Permiſſion.

La conduite parfaite & irréprochable d'une pareille Egliſe met la conformité de ſa Doctrine à celle de Jéſus Chriſt, dans toute ſon évidence. A ces Caractéres, on reconnoît qu'il en eſt lui-même le Conducteur; que par elle, il explique ſes intentions, par la même Créance qu'il inſpire. Par elle

 il

il rend l'Evangile une Régle infaillible à un chacun, & donne à tous les Fidèles un Témoignage évident qu'ils sont conduits par un même Esprit de Vérité. Il est donc juste de la regarder comme celle à laquelle le Fils de Dieu a fait des promesses si positives & donné de si grands pouvoirs qu'on voit acomplis en elle; à la quelle aussi les Apôtres attribuent dans leurs Ecrits, les mêmes Dons & les mêmes Priviléges, dont tous les Chrétiens ressentent les avantages.

C'est-là la même Eglise qu'on croyoit du tems des Apôtres; *Je crois la Sainte Eglise Catholique*; la même, du tems du Concile de Nicée, *je crois une Sainte Eglise Catholique & Apostolique*; la même, dont Saint Athanase exposoit la nécessité de la Créance, par ces Paroles; *Voici quelle est la Foi Catholique, qu'un chacun doit croire fermement & fidèlement pour être sauvé.* Mais il se présente une dificulté au sujet de cette Eglise que je vais tâcher d'eclaircir.

ARTICLE XVI.

Quel Jugement on doit faire des disputes qui naissent dans la véritable Eglise.

IL ne laisse pas de s'élever, dans l'Eglise, des disputes & des doutes, qui ne viennent pas d'Elle, mais de ceux qui voudroient la surprendre. C'est comme une Ville située sur une haute Montagne, qui la rend inaccessible; & environnée de fortes murailles qui achévent de la rendre imprenable. Ses Ennemis, qui en connoissent les avantages, desespérent d'en venir à bout par la Force & tentent de le faire par artifice: Mais le Gouverneur a ses sentinelles sur les Remparts bien fortifiez, aussi-bien que ses Emissaires au dedans de la Place, qui ne cessent de crier, ou de l'avertir dans l'occasion. Sur quoi, il donne ses ordres afin de découvrir, s'il n'y a point d'ennemis cachez dans son enceinte ou aux environs; de sorte que la ruse aussi-bien que la violence ne peuvent prevaloir contre une Ville si bien gardée.

Tel.

Telle eſt l'idée, que l'Ecriture nous donne de l'Egliſe. Ceux qui ont la charge de veiller à la conſervation de ſa Doctrine, ne ceſſent de crier, auſſitôt qu'ils entendent des Opinions qui aprochent de celles qu'elle a défenduës. Il eſt alors de la vigilance de celui, qui eſt au deſſus des autres Gardiens des véritez qu'elle enſeigne, de ſonder l'intention & le ſens des Propoſitions qu'on avance, pour voir s'il n'y a point de ſupercherie & de déguiſement dans le tour qu'on leur donne. S'il y aperçoit du danger, c'eſt à lui à y donner ordre par quelque *Conſtitution*, qui ſoit comme la Pierre de touche des mal-intentionnez.

Car, ou il s'agit d'opinions directement opoſées à la Doctrine univerſellement reçûë, & en ce cas réſiſter à cette Conſtitution, c'eſt ſe déclarer ouvertement contre la Conſtitution de toute l'Egliſe: ou, il s'agit ſeulement de quelques Propoſitions, qui n'ataquent qu'indirectement ſa Foi; n'eſt-ce pas alors attaquer, d'une maniére implicite, les Conſtitutions de la même Egliſe, que de ne pas déferer à cel-

celle de celui qui eſt conſtitué pour en prendre la défenſe? Qui ſupléra à toute l'Egliſe qui ne ſe peut pas toûjours aſſembler? Qui ſe prévaudra de l'aſſiſtance du St. Eſprit, dans une affaire qui eſt celle de tous les Fidèles? Qui a été conſtitué pour prendre ſes intérêts communs? Qui peut prétendre aux Priéres de toute l'Egliſe, pour obtenir les lumiéres néceſſaires à un Emploi ſi important, ou s'atribuer aucun Don, aucun Privilége & aucune Prérogative fondée ſur les Promeſſes de Jéſus Chriſt? Sera-ce une Egliſe ou une Nation particuliére? Cette fonction apartient-elle à quelqu'autre qu'à celui que toute l'Egliſe autoriſe. Mais que croire, dira-t-on? Comme on a crû avant la derniére *Diſpute*, & comme on croit à préſent devant toutes les autres qui pourront arriver dans cent ans d'ici. Toutes les dificultez qui arrivent ne dépendent-elles pas de certains points principaux de la Religion, qu'il ſufit de croire pour le ſalut d'un chacun en particulier & pour ce qui ſurvient de nouveautez, que la curioſité, ou la malice des hommes ſuſcitera toûjours, le plus

plus sûr est de se soûmettre au jugement de qui il apartient ; juques à ce que, pour rendre ce jugement plus autentique & plus glorieux à toute l'Eglise en général, il ait plû à Dieu de l'assembler pour prononcer ses Oracles infaillibles, & alors elle triomphera, comme Elle a toûjours fait du mensonge, & fera régner la vérité.

Je ne crois pas qu'on puisse trouver à redire à ce sentiment de l'Eglise. Car qu'on considére tous les Corps de Communions qui se disent composer celle de Jésus Christ, on ne peut pas s'imaginer qu'ils ayent une autre Opinion. Ne voit-on pas, parmi ces diférens Corps, des Docteurs, des Surveillans, des Pasteurs, des Présidens, & des Chefs ? N'ont-ils pas leurs Institutions, leurs Ordonnances, leurs Catechismes, que quelques-uns apellent *la Bible des ignorans* ? Chacun n'a-t-il pas ses Sinodes Provinceaux, Nationnaux, & ne se feroit-il pas une gloire d'en convoquer un Universel si ce Corps l'étoit, où s'il en avoit le pouvoir ? Qui croiroit que les particuliers eussent une autre Régle de leur Foi,

que

que ce qui a été institué, décidé & arrêté par leurs Principaux, & que ce qui s'enseigne, de leur part, par ceux qu'ils nomment à cet Office. Quiconque fera réfléxion à cette conduite, s'étonnera de l'aversion, qu'on donne aux Peuples, de certains noms d'Ofice & de Dignitez, pendant qu'on éxerce sur eux les mêmes Charges, qu'on y a les mêmes Honneurs, & qu'on les soûmet au même Gouvernement, qui regarde la Conscience. Mais ce n'est point par les noms dont on se sert dans toutes les Eglises qui se glorifient, chacune en son particulier, d'apartenir à Jésus Christ, qu'on doit distinguer la véritable; c'est par les marques qui lui sont propres, dont on a déja parlé, & qui ne conviennent point aux autres.

Les Erreurs des autres Eglises prétenduës passeront, les paroles de cette véritable, qui sont les mêmes de Jésus Christ, ne passeront jamais. Elles feront entendre dans tous les âges, par tout les Païs, dans toutes les Générations la même Doctrine. Ces Paroles seront si-bien Economisées, qu'elles ne per-

perdront rien de leur Vérité, dans le nombre infini de Bouches par où elles passeront, & d'Esprits où elles seront reçûës; Tous les Esprits conviendront dans les mêmes pensées & toutes les Bouches feront retentir les mêmes Paroles, comme elles ont fait dès le commencement. Cette réünion de toutes les Pensées des Ortodoxes, dans une seule, en tous Lieux, à l'égard de tous les Tems, de tous les Peuples, de toutes les Eglises, de tous les Docteurs du Monde est l'éfet d'une conduite toute Divine. Une conduite, purement humaine ne pourroit subsister long tems, & cette pensée de tous les Chrétiens, de quelque Nation, de quelquë Siécle, de quelque Age, de quelque Dignité qu'ils soient, ne peut manquer d'être conforme à celle de Jésus Christ, qui n'a point eu d'autre but, que de conduire les Hommes, par une même Religion, à un même Esprit de Vérité. Tous ces Discours, sur le succès futur de son Evangile, prouvent que la conduite d'une Eglise unique est conforme à l'unique Vérité, qu'il a aportée du Ciel en Terre. Et puisque

que c'eſt une vérité de Fait, démontrée par les Auteurs *de la Liberté*, que toutes les autres Egliſes n'ont pû, quelques éforts qu'ils y ayent employez, réüſſir à trouver cette precieuſe Vérité, ayant, pour cela, uſé de toute la Liberté dont l'eſprit humain eſt capable, ils nous obligent de croire, que l'unique voye, de nous conformer au grand deſſein du Verbe Incarné, eſt de nous conformer à la Créance de cette Egliſe, dont la conduite vient d'être décrite; & par conſéquent que c'eſt le parti le plus ſûr.

ARTICLE XVII.

Sous quel Emblême Jéſus Chriſt a déſigné ſon Egliſe, diſtinguée des autres par une conduite, qui ne peut être ſi parfaite que par les Prérogatives, dont il a accompli en elle ſes Promeſſes, pour montrer l'évidence de la conformité de ſa Créance à la Doctrine qu'il a lui-même enſeignée.

A Qui nous adreſſerons-nous, pour ſavoir quelle eſt cette Egliſe qui a une ſemblable conduite? ſinon au Fils de Dieu, à qui il apartenoit, de nous la désigner telle qu'Elle devoit être après son élévation dans les Cieux. C'est ce qu'il a fait dans ces Paroles, *Il n'y aura qu'un seul Troupeau & qu'un seul Berger.* La voix donc de ce bon Pasteur, qui se faisoit entendre après lui, par les Apôtres, à qui il avoit donné le pouvoir de conduireson Troupeau, avec St. Pierre, qu'il avoit établi son Berger, d'une maniére tout à fait distinguée, cette Voix, dis-je, doit se faire entendre aujourd'hui au même seul Troupeau, par un seul Berger, distingué & accompagné de plusieurs autres.

C'est à dire, que ce nombre de Pasteurs, joints à un seul qui leur dit, comme St. Pierre faisoit de son tems, *Paissez le Troupeau de Dieu dont vous êtes chargez*; & de plus suivis des Brebis qui connoissent, en eux, la voix de Jésus Christ, est l'Eglise d'une conduite conforme au modèle, qu'il en a tracé lui-même pour toûjours, *il n'y aura qu'un seul Troupeau & un seul Berger.* Quoi de plus conforme à l'Evangile?

Sur

Sur ce modèle, nous aprenons, que l'Eglise bien conduite est celle-ci; laquelle voit le Fils de Dieu devant soi, comme le souvrain Pasteur, à la dextre de son Pére, veillant continuellement à la conduite tant de ses Pasteurs que de ses Ouailles ': laquelle voit un seul Pasteur, qui n'est que son serviteur sur la Terre, conduire, avec tous les autres, son seul Troupeau sur les mêmes traces qu'il a lui-même frayées, pour découvrir la Vérité & mener à la vie; laquelle enfin voit les Brebis suivre après; parce qu'elles connoissent la voix de sa Doctrine, qui est la même dans le seul, à qui il a donné les Clets de sa Bergerie; La même, dans les autres, à qui il en a ouvert & ouvre tous les jours la Porte: la même, en tous ceux qui entrent dedans, par lui, pour écouter les mêmes Pasteurs, de la voix desquels il assure qu'il se servira, pour les amener à lui *.

La Voix de Jésus Christ, qui apel-

* *Il y a encore d'autres Brebis, qui ne sont pas de cette Bergerie: il faut aussi que je les améne. Elles écouteront ma voix,* [en la Personne du seul Berger, accompagné des autres, qui conduiront mon seul Troupeau] *& il n'y aura plus qu'un seul Troupeau, & qu'un seul Berger.* en St. Jean c. 10. v. 12.

le ainsi toute son Eglise après lui, & l'union de toute l'Eglise à le suivre dans la même Doctrine, est le témoignage le plus évident qu'on puisse avoir, qu'une Eglise, si conforme au modèle qu'il en a donné, est encore conforme à la Doctrine qu'il a enseignée & que les Apôtres ont suivie sur le même pié.

Car cette conduite est pareille à celle de St. Pierre & des autres Apôtres, dont les Préceptes étoient une Voix, que tous les Fidèles suivoient, après qu'ils avoient dit; *Il a semblé bon au St. Esprit & à nous.* Et dans la crainte qu'ils ne s'écartassent de cette voye, il les faisoit ressouvenir des *Préceptes*, ou comme d'autres veulent, du St. *Commandement* qu'ils leurs avoient donné, comme Apôtres, pour les faire persévérer dans leur même Créance. Conduite, sans doute, trop bien fondée sur la Parole, la Sagesse, les Promesses, & l'Autorité du Dieu Homme, qui en est le premier Directeur, pour n'avoir pas persévéré jusques aujourd'hui.

Si j'en crois mes yeux, il n'y a qu'une Eglise sur la Terre qui se conforme

forme à ce Modèle de conduite donné & établi par le Fils de Dieu, ſuivi par les Apôtres, & laiſſé par eux dans leurs Ecrits auſſi-bien que parmi leurs Succeſſeurs; ſi j'en crois à ma raiſon toutes leurs paroles priſes, ſelon ce modèle, ſont plus naturelles que toutes les explications forcées qu'on leur donne & qui ſont contraires au but de Jéſus Chriſt auſſi-bien qu'à l'avantage de tous les Chrétiens. Il n'y a donc qu'une Egliſe, dont la conduite puiſſe faire recevoir ſa Doctrine, comme la plus ſûre. D'un autre côté, toutes les autres rejettent cette ſorte de conduite, ſelon leur Créance, quoi qu'elles voudroient l'imiter dans la pratique. Uſant donc d'un droit qu'elles uſurpent & condamnent en même tems; ſe ſervans de moyens incertains; privées de toutes les Promeſſes de Jéſus Chriſt à ſon Egliſe, dont on ne voit chez elles aucun accompliſſement, il ne faut pas s'étonner ſi elles donnent tant de matiére aux reproches des Forts Eſprits qui en tirent de ſi mauvaiſes conſéquences pour apuyer leur Liberté. La plus véritable qu'on puiſſe en tirer,

 eſt,

eſt, que comme il n'y a qu'une Vérité, il n'y a qu'une ſeule Egliſe, aſſez déſignée par ſa conduite, & dont il ſoit ſûr de ſuivre la creance. On la diſcerne, pour ainſi dire à vûë d'œil, mais ſur tout par l'évidence qu'elle a de ſa Conformité à la véritable Doctrine que le Fils de Dieu a aportée ſur la Terre.

CONCLUSION.

CE témoignage de la Vérité eſt toute la conſéquence, que je puis tirer des raiſonnemens faits, par les Forts Eſprits, pour apuyer le droit auſſi-bien que l'obligation de leur *Liberté de Penſer*. Par leur ſiſtême ils ont découvert l'origine de tous les égaremens. Il ſemble qu'il devroit ſufire d'en connoître le principe, pour ſuivre la voye la plus ſûre: Plus ſûre que la raiſon d'un chacun, dont les diférens raiſonnemens des plus éclairez, dans les Sciences même de la portée des hommes, rendent la régle ſi incertaine: Plus ſûre que le ſentiment que chacun a d'entendre, comme il faut, les Véritez qu'il lit;

lit; dont cependant les diverſes explications, dans les endroits les plus formels, font craindre qu'on les explique plûtôt ſelon les foibles lumiéres ou le peu de ſincérité des hommes, que ſelon l'intention de Jéſus Chriſt: Plus ſûre, que la Croyance, où l'on eſt, d'être uniquement conduit, par l'Eſprit de Dieu, dans la lecture qui eſt ſi hautement recommandée par les Chefs reſpectifs. De quoi il y a grand ſujet de douter; puis que l'expérience aprend qu'on eſt autant guidé par leurs opinions, que le peuvent être ceux à qui non ſeulement on impute la défenſe de lire, mais à qui on fait un crime de ne croire que ſelon l'eſprit de leurs Conducteurs: Comme ſi conduire l'Eſprit du Peuple dans ſa lecture, ſelon ce que l'on penſe ſoi-même, & leur montre le danger de Penſer autrement, n'étoit pas de même que ſi on leur defendoit abſolument de lire.

Que ſi on avouoit franchement, que l'on ne croit, que ſelon ce qui a été arrêté par le Corps dont on ſuit la Créance, comme en éfet cela ſe pratique, chaque Communion pourroit ſe pré-

prévaloir de la Raison de tout son Corps conduite par le St. Esprit, il y auroit plus à douter quel seroit le Parti le plus sûr; leur Autorité paroîtroit semblable. Cet expédient auroit peut-être mieux réüssi que tout autre: Mais puis que Dieu ne l'a pas permis; que la régle, qu'on propose de suivre, & que la plûpart croyent suivre, sans se régler sur d'autre que sur elle, est sujette à l'autorité qu'on prétend rejetter, & que dans le fonds on éxerce; tout ceci fait naître une si grande contradiction, & rend ce Parti si douteux, qu'il n'y paroît aucune sûreté. D'où, en soûmettant mon jugement, à quiconque me fera voir que les conséquences, que j'ai tirées de la Liberté de Penser, ne sont pas justes. Je conclus qu'on peut juger, selon ce que j'ai dit, quel est le Parti le plus sûr.

FIN.

www.ingramcontent.com/pod-product-compliance
Ingram Content Group UK Ltd.
Pitfield, Milton Keynes, MK11 3LW, UK
UKHW021136260726
13994UKWH00001B/172